拾光之城

桃園行旅　文化探索

Exploring TAOYUAN

採訪撰文／謝其濬　攝影／張冠彬

推薦序

在地圖之外
桃園文化風景的旅與讀

國立中央大學歷史研究所特聘教授
兼桃園學研究中心主任　鄭政誠

桃園，從原住民時期的南崁四社起始，歷經漢人移墾而至的虎茅莊、桃仔園與桃澗堡，再到日治時期的桃園、中壢、大溪等竹北三郡，以迄戰後的桃園縣，最終升格改制而成桃園市。

數百年來，這座城市因長期介於臺北與新竹兩大文化城市之間，多少稀釋掉她既有的風采與光環，以致於聲音與影像幾乎難以被民眾閱聽讀取。幸而隨千禧年的曙光出現，此回照亮轉換的不僅是世界格局，桃園也終於等到屬於她特有的文化黎明與光芒。

遠足文化與桃園市政府文化局合作出版的這本《拾光之城：桃園行旅 文化探索》，帶領讀者走進了桃園市下轄的多個行政區，縱覽了閩南、客家、外省、原住民與新住民等多元族群，梳理出一幅多元共融的族群圖譜。書中涵蓋主題橫跨老城區、博物館、美術館、文化場館、文創園區與信仰空間。景點則多如繁星，灑落在大溪木博館群、土地公文化館、軌道願景館、七七藝文町、大廟口派出所、鍾肇政文學生活園區、楊梅故事園區、中原文創園區與八塊厝民俗藝術村等處。

星光下，還亮著眷村鐵三角的馬祖新村、太武新村與憲光二村；海風下也有新屋石滬故事館、海洋客家牽罟文化館。至於，敬天畏神的地方民俗慶典，則有大溪的普濟堂酬神戲劇、廟宇遶境、社頭藝陣，乃至桃園閩南文化節的藝閣踩街，皆展現獨特的文化張力。最後，分屬客家、原住民與新住民的文化館，更成為投影給這座城市的一道重色聚光燈，照亮桃園多元的精神底蘊。

本書跳脫編年式的歷史書寫法則，並揚棄以分區介紹的概述策略，選擇以文化資產、文化園區與文化場館等三大主軸為介紹經緯，並以報導文學的筆法與文化旅遊的視角，帶領讀者以大眾、庶民的姿態與觀點走進桃園。書中更從在地視角發掘各地曾有的美好、溫暖與記憶，並依此而衍生出相對應的藝文活動、駐點創作與文創內容。此外，書中所臚列的各種活動與館舍，實為桃園縣／市政府在近二十年來有關地方文化梳理與治理行動下的成果展現，頗有可觀。

對於曾經離開桃園多年的異鄉遊子，或是面對桃園仍感陌生的市外之民，《拾光之城：桃園行旅文化探索》可謂是重新認識家鄉與探索異域城市的最佳讀本。本書不但綜整近年來桃園的最佳旅遊景點，還結合實用的旅遊資訊與地圖路線建議，讓文化閱讀與深度旅行主題得以完美結合。

若你正想探索國內某座豐富且充滿生命力的多元文化風貌城市，不妨隨著這本書踏上旅程，跟著「在地人」的風向起舞，而後在各個街角、博物館、文化場館、文化園區內落下駐足，開始品嚐桃園各區的城市故事、緣起與發展饗宴，而後再拾級而上，感受熾熱的文化溫度與爽颯的歲月風景。

記住，這不僅僅只是一本旅遊書，更是一次能量充沛的的文化漫遊，相信讀者諸君的身心靈都可以輕易的映照出這座城市的印記與DNA。

推薦序

閱讀桃園城市歷史文化的幾種新路徑

國立中央大學歷史所教授
兼文學院學士班主任　蔣竹山

二〇一九年，我從住了十九年的花蓮搬回老家桃園。除了持續學術研究外，我投入最多的，就是各種認識桃園的工作：開設與在地社會有關的課程、參與歷史文化的調查與書寫、策劃與審查展覽（如眷村文化、閩南文化與生態博物館），以及推動社區營造與文化創生計劃、大學社會責任（University Social Responsibility, USR）計劃。這些經歷讓我重新認識了一個與記憶中截然不同的桃園，也看見許多人正努力打破「桃園是臺灣最無聊的城市」這種刻板印象。

舉例來說，我在中央大學開設「認識桃園與地方社會」這門通識課，帶學生實地走訪桃園食品廠商的博物館，並將訪查成果轉化為故事，透過桌遊、口述訪談、網站、影像、臉書、IG、播客與StoryMap等形式進行期末微策展，向外界公開展示成果。課程著重敘事力訓練，除了結合桃園地方史的視角，也強化學生的思辨與分析能力，引導他們說出一個屬於在地的桃園故事。

我們也帶領服務學習課程的學生實作策展，像是在馬祖新村眷村文創園區舉辦《大家來養金絲雀：眷村時代的家庭副業》成果展，透過昔日老物件，讓民眾一窺一九六〇年代的眷村生活。這個展覽以二〇二四年「桃園眷村指南合作出版與遷移記憶調查研究案」的成果為基礎，並透過展板與展示箱呈現，從一位憲兵軍官的遷徙故事出發，帶領觀眾逐步理解桃園眷村在大時代下的生活軌跡。延續這個脈絡，我也在二〇二五年初出版了《眷村時代》一書，從大歷史、冷知識、探究實作、口述訪談、研究課題與閱讀大補帖六大面向，帶領讀者認識戰後臺灣社會的眷村文化。

作為歷史學者與大眾史學的推動者，我經常思考：我們應該怎麼理解一座城市？而一本好的文化指南書，是建立城市感知的重要媒介。《拾光之城：桃園行旅 文化探索》的出版，正好提供了這樣的可能。

這不只是一本常見的觀光導覽書，而是一本融合歷史敘事、地方記憶、文學風格與空間感知的文化地誌。作者謝其濬以報導文學的筆法梳理桃園各地文化地景，攝影師張冠彬則以細膩鏡頭捕捉豐富影像，帶我們重新發現桃園的文化場域。

本書最特別之處，在於打破傳統書寫慣例，改以「六條文化路徑」帶領讀者深入探索：從老城記憶、慶典文化、美術藝文，眷村故事、文學地景與民間信仰，每條路徑皆有在地視角領航。它不僅提供導覽，更呈現一場跨時代、跨世代的地方知識轉譯行動。這些在地視角，包括文史工作者、文化館舍經營者與社區志工，他們的聲音與觀點，開啟了理解桃園歷史文化的新路徑。

身為研究桃園眷村與地方歷史的學者，我特別欣賞本書對「眷村鐵三角」的細緻描寫。馬祖新村、太武新村與憲光二村是重要的建築文化資產，同時也是承載戰後外省族群生活記憶的資料庫。透過導覽員與村民的故事，我們看見空間的轉變，也感受到其中蘊藏的跨族群記憶與情感連結。

在這個資訊爆炸、文化快速流變的時代，《拾光之城：桃園行旅 文化探索》提醒我們：地方文化的價值不在於觀光包裝，而體現在日常生活的自然節奏中。從大溪老街的木藝敲擊聲、廟埕的藝陣活動、龍潭的文學地景，到土地公廟裡的信仰儀式，每一個細節都讓我們重新聽見這座城市的文化脈動。

這本書一方面協助桃園市民重建地方認同，另一方面也引領來訪的旅人開啟了一場深度的文化探索。我誠摯推薦給每一位對城市與文化感到好奇的讀者！

序一 走進桃園 看見文化的力量

桃園市市長 張善政

現代城市的競爭力，不只是硬體建設的完善程度，更在於它是否能被理解，是否能讓人產生認同。文化，正是讓一座城市「被看見、被認同」的關鍵。桃園，一直以來都是一座多元、前瞻且充滿潛力的城市，而文化，是串聯這些特質的核心動能。

透過文化，我們不只看見城市的現在，也能理解它的過去，想像它的未來。《拾光之城：桃園行旅文化探索》正是一項以文化為核心的實踐，這不單是一本文字導航的旅遊書，它提供的是一種觀看城市的方式，一本關於城市記憶的使用手冊，更是對每段地方故事的真切見證。

此書由文化局與在地文化團隊長期投入所完成，內容橫跨六條文化行旅路線，涵蓋城鎮的轉變、生活的樣貌與人文的累積，透過實地踏查、口述歷史與空間故事的整理，呈現桃園多樣而真實的城市風貌。它不是自上而下的推廣，也不只是對歷史資料的再製，而是由下而上、深入實地，從居民的視角出發，把我們熟悉卻可能忽略的桃園，一步步重新看見。

桃園是台灣最具發展潛力的都會之一，不僅因為它是國門之都，具有國際戰略位置，更因為它始終是一座多元文化的交會地。從清代的「虎茅庄」到日治時期的「桃仔園」，再到今日的現代城市，這片土地歷經產業更迭、族群移動與社會轉型。如今，我們擁有八十萬客家族群、八萬多位原住民族人、超過五萬名新住民，以及龐大的外籍移工社群，這些不同背景的人們在桃園落地生根，共同構築一座「多聲部」的城市。

這些多元聲音不是彼此分離的獨奏，而是在教育、節慶、語言、飲食、空間等層面逐漸交織成和諧的合唱。客家文化館、原住民族文化會館、新住民文化會館等場域成為促進文化理解與交流的重要平台，展現對各族群文化的尊重與支持。語言方面，我們持續支持本土語言的傳承與應用，讓閩南語、客語、原住民族語及新住民語言都能成為城市的一部分。

文化也被視為城市建設的根基。大溪木藝生態博物館推動的聚落保存；桃園、中壢老城區的歷史脈絡重塑；桃園市土地公文化館的在地信仰展演，這些都不是單一部門的成果，而是來自市府團隊、民間組織與在地居民長期參與的結果。

面對未來，我們正積極推動桃園市立美術館群的建構工程。以總館為核心，串聯橫山書法藝術館與兒童美術館，形成各有主題、彼此支援的文化網絡。這不只是空間建設，更是教育思維與城市美學的長期培養。桃園的未來，不只是安居樂業的理想，而是一座具備美感素養、文化思辨力與國際視野的現代城市。

《拾光之城：桃園行旅 文化探索》的出版，是桃園以文化為起點的又一座里程碑。讓我們以行旅的方式重新閱讀城市，不走馬看花，而是透過故事、人物與空間的脈絡，重新建立我們與土地的關係。不論是市民還是旅人，不論是熟悉或陌生，都能在桃園找到值得停留、值得傾聽的故事。

序二

從策劃到行動 走出桃園的文化路徑

桃園市政府文化局局長 邱正生

文化策劃的起點，往往不是從理論出發，而是從一個具體問題開始。這個問題是：桃園有這麼豐富的文化資源，為什麼市民與旅人卻不容易「看見」、更難「走近」？於是，我們開始構思一本能被使用的文化行旅書——它不只是閱讀的文本，而是一份打開城市的實地路線圖，也是一場讓文化走進生活的實驗行動。

《拾光之城：桃園行旅 文化探索》這本書，正是文化政策轉化為生活實踐的具體成果。它是一本文化的導覽書，也是一份為市民與旅人設計的行動提案，從城市脈絡出發、以人為本，我們希望文化是「能參與」、「可體驗」、「值得帶著走」。

本書歷時八個多月的籌備與製作，它不只可被「閱讀」，更能被「使用」。在你一拿到此書時，首先就會聚焦於書衣的特別設計——一張手繪街區地圖，收錄六大主題路線與逾四十處文化場館資訊，引導讀者按圖索驥、實地走訪，不但輕巧更富美感。

內頁中除了具有實用性的精美旅遊主題地圖的設計外，亦設有互動式 QR Code，可掃描查閱最新活動與開館資訊，實踐紙本與數位的雙軌互動。這樣的設計，是為了讓讀者能輕便攜帶、隨時啟程，展開一場個人專屬的文化探索之旅。

「六條主題路線×十二種在地視角×探索逾四十個文化場館」，構成了本書的核心架構，也是一場跨越空間與時間的城市深描。從眷村文化如何影響當代桃園的城市風貌，到桃園靠海卻擁有豐富客家聚落的歷史成因，從原住民文化的脈絡延伸，到文學、藝術、表演如何在地交織，這些問題都能在書中找到線索與答案。

這本書從旅遊書的形式出發，延伸為一場關於桃園文化DNA的探索旅程。我們以在地和常民的視角──文化職人、藝術家、導覽員，甚至是老街的店主，用他們的生活經驗與文化感知，透過報導文學的筆觸，帶領讀者走進這座城市：從老城區的時光印記，到藝文廊帶的當代創新，從傳統聚落的歷史紋理，到新興場域的文化實驗，逐步揭開城市靈魂的多層面貌。

這本書的呈現是一項文化政策實踐計劃，我們更希望透過這樣的出版品，促進公眾參與，讓文化治理不再只是官方語言，而是可以實際走讀、使用、評價的生活路徑。我們相信，唯有真正「走得到」、「用得上」，文化才能進入日常，發揮它應有的影響力。

展望未來，文化局將持續深化文化行旅的系統性發展，結合館舍營運、城市空間再造與數位導覽等多元方式，讓文化走出展館、深入街巷，從靜態展示走向動態參與，從政策規劃走向市民生活。

願這本書，成為大家認識桃園、體驗文化、共創記憶的起點。在這裡，你會發現：桃園，不只是中繼站，它是一座值得細讀、值得慢行、值得回望的文化城市。

開場白

從街角走進心裡 探索桃園的六條路徑

你對桃園的印象，是否經常只來自窗口的一瞥？

清晨，飛機劃過雲層。從高空俯瞰，田野與工業區靜靜排列，城市像一幅尚未清晰顯影的照片；中午，火車駛過市鎮與稻田。窗外掠過鐵皮屋、聲音被擋在車廂之外，只剩景色緩緩流動；夜晚，車燈延展，照亮遠方住宅與山邊廟宇。桃園，就這樣在車窗之外閃現、遠去，是一道熟悉卻難以停留的風景。

桃園，是一座你經常經過，卻容易錯過的城市。

飛機在此降落，卻迅速轉往他處；高鐵與國道穿城而過，旅人馬不停蹄。它像是一段被快轉的路程，總在視野中掠過又退場。對多數人而言，桃園是起點或中繼站，卻很少是目的地。但其實，桃園值得你停下腳步。

這裡有百年時光留下的痕跡，清代的寺廟靜立街角，日式宿舍隱於巷弄，眷村老屋的一磚一瓦則被保留下來，成為記憶的座標。

在這座城市裡，閩南、客家、原住民與新住民的生活交織並行。每一種語言、每一道風味、每一場節慶，都是桃園的日常，也讓它的面貌不斷變化、重組。

只要肯稍作停留，你會發現：這裡不是匆匆一瞥的過渡地，而是一座有故事、有溫度，也有文化底蘊的城市。

「在地人」同行
看見真實的桃園

桃園，是一座層疊著時間與族群記憶的城市。從清代寺廟、日治建築，到現代都市風景，處處可見文化的交會與延續。這本書以桃園的多元特質為出發點，設計了六條主題路徑。它不只是導覽地圖，更是一趟趟親身踏查的邀請。

第一條路線：老城時光。從老城展開，在桃園與中壢的舊街區緩緩行走，市場攤販的呼喚、騎樓下的閒談、牆面上的斑駁痕跡，共同拼貼出城市的記憶樣貌。

第二條路線：木藝小鎮。轉往大溪，沿著木藝工坊與歷史老屋漫步前行，觸摸工匠留下的刻痕與溫度，一座百年小鎮的風華，在巷弄間靜靜流轉。

第三條路線：當代桃園。桃園不只有歷史，也有奔騰向前的節奏。前往青埔，高鐵、百貨與設計商圈交織出新興生活的輪廓，一種屬於桃園的當代美學正悄然成形。

第四條路線：眷村鐵三角。帶領讀者回到記憶現場——眷村。桃園的眷村密度是全臺數一數二，而馬祖新村、太武新村與憲光二村構成的「眷村鐵三角」，不僅保留了建築空間，更承載著跨族群的遷徙故事，以及家常菜裡的集體記憶。

第五條路線：文學地景。從桃園文學館出發，再前往鍾肇政文學生活園區，沿著故事與詩句的足跡，讀懂這片土地如何孕育出豐富的語言風景與動人的人物身影。

第六條路線：常民信仰文化。造訪土地公文化館與八塊厝民俗藝術村，透過香火、儀式與工藝，看見地方信仰如何安頓人心，也體會宗教在日常生活之中，所扮演的連結角色。

腳步帶路
畫出屬於你的桃園地圖

除了六條主題路線，書中另設有「延伸視角」單元，為旅程增添更多層次與可能。

每一條路線都由「在地人」陪伴同行，他們不僅導覽館舍與地景，更分享記憶與日常經驗，帶你看見桃園的真實樣貌。你可以循著這六條主題路線探索桃園，也能依興趣自在搭配館所與地景，畫出屬於自己的城市地圖。

讓我們從這一頁出發，走進令人驚豔的桃園。

目錄

行旅路線・一

老城時光的印記：
人文與歷史穿梭的瞬間

桃園與中壢老城區各自承載豐富歷史文化，發展路徑卻各異。桃園老城區以景福宮為文化核心，從廟埕商圈、歷史建築到近年文資修復與閒置空間再利用，展現城市文化轉型的活力。即將開館的桃園文學館亦落腳此地，象徵桃園文化從土地記憶邁向知識創造。中壢老城則聚焦老店保存與街區再生，透過文史工作者與社區參與，串連巷弄記憶與人情，使文化資產成為居民日常中不可或缺的生活場景。

兩者一方依托以文化與創意導入既有空間，一方著力於歷史場域與社群關係的活絡，呈現出桃園都會區文化多元且互補的面貌。兩區皆以文化為根基，持續挖掘過去的故事，創造符合時代需求的城市意象與生活樣態，成為推動地方認同與城市再生的關鍵動力。

113
110甲
中壢區
中平路故事館
壢小故事森林
114
壢景町
112
延平路食農故事館
中壢車站
1
中壢區
113
113甲
桃園區
1
桃園區
大廟口派出所
米倉劇場
桃園景福宮
桃園77藝文町
桃園軌道願景館
桃園火車站

軌道
玩城市
RailwayCity

Ch. 01

桃園老城區

在時代更迭中，桃園老城區靜靜保留著歷史的紋理。從「桃仔園」的墾拓到新一代創作者的文化重生，這片舊城不僅是歷史的載體，更是地方想像的發源地。從軌道願景館到七七藝文町，從景福宮到大廟口派出所與米倉劇場，這條路線每一步都踏在歷史的節點上。沿著街角緩行，走進光影流動中的桃園老城，感受昨日與今日交織的記憶與故事。

桃園潮流藝術嘉年華在景福宮周邊展開老城派對（圖／桃園市政府文化局）

陽光灑在石板路上，滑板輪聲劃過人群，霓虹塗鴉牆前，一場即興街舞熱力開跳。廟埕一隅傳來手指鼓的節奏，穿梭其間的是手作市集、限定潮玩、以及拍照打卡的年輕面孔。當夜幕降臨，霹靂布袋戲接管了聚光燈，「英雄星光秀」讓戲偶與雷射燈交織出一場視覺饗宴，帶來傳統技藝的全新演繹。

老城鬧區新民街因活動轉化為大型開放式創意舞臺（圖／桃園市政府文化局）

二〇二五年三月八日，第一屆桃園潮流藝術嘉年華正式登場，以「老城派對」為主題，將景福宮周邊與新民街轉化為大型開放式創意舞臺，讓歷史與潮流在街角對話。這場藝術活動喚醒了空間的記憶，讓文化從遺址中釋放，進而成為正在流動的日常。桃托邦藝文聯盟理事長林岳德也參與其中，他表示，希望能有更多人認識這些在地故事與文化，願意走進桃園老城，親身感受這片土地的溫度。

由在地青年組成的桃托邦藝文聯盟二〇二〇年成立以來，始終以桃園老城區為核心，推動在地藝文的長期發展。策劃多場融合地方文化與當代藝術的創新計劃，包括舞臺劇「老城誰的城？」、結合展演的「新民街與他的遺跡」、「新民街的奇聞傳說」實境遊戲，以及「用桃園的形狀造字」展覽等。在日常，也依不同主題策劃走讀與導覽活動：以食物為引，帶領民眾尋訪老城區隱藏的老店滋味；以地方傳說為線索，講述陽廟陰廟、宗教禁忌與冤魂傳說；以市場為舞臺，從舊市場出發走到新永和市場，沿途發掘生活故事與街區脈絡。

還有一條特別的導覽路線，串聯起桃園軌道願景館、七七藝文町、桃園景福宮、大廟口派出所、米倉劇場等重要文資館舍，從街角出發，一步步打開認識老城歷史的入口。沿著老城的脈絡，

桃園軌道願景館

走進桃園老城的過去與現在。

翻轉舊站風貌
軌道願景館開啟城市新序章

桃園軌道願景館的前身，是日治時期興建的運輸倉庫。戰後幾經輾轉，最終由臺鐵接手使用，內部劃分成三個隔間，編號為桃園六、七、八號倉庫。隨著鐵路運輸沒落，倉庫也失去原本的功能，後來改租給外部單位使用。由於長時間缺乏維護，外牆逐漸剝落，屋頂的石棉瓦也出現破裂。倉庫門口只剩下一塊寫著「桃園七號倉庫」的木牌，讓在地人習慣以此稱呼這座建物。

二〇一五年，有在地文史工作者注意到這座老倉庫正好被劃入未來捷運棕線出口的預定位置，恐將面臨拆除命運。為了守護這段歷史，他開始挖掘倉庫的背景資料，並著手進行文化資產提報。經過文化局與多個單位反覆協商，最終在二〇一六年，這棟建物以「桃園車站舊倉庫」之名正式登錄為歷史建築。修復工程隨後由桃園市政府捷運工程局主導，並於二〇一八年九月重新啟用對外開放，化身為今日的桃園軌道願景館。

這座展館呈現桃園從早期輕便鐵道到未來捷運藍圖的軌道發展歷程，打造兼具教育與觀光功能的多元場域。一樓規劃四大主題展區，包含歷史區、技術區、願景區與多媒體互動區。內容涵蓋桃園鐵道發展沿革、車站歷史、到鐵道工程背後的技術與未來軌道建設藍圖，透過豐富展示與互動科技，引導大眾深入認識桃園軌道系統的演變與城市願景。二樓則設有交通主題圖書室，收藏鐵道、交通與都市發展等主題書籍，提供深度閱讀與研究空間。

其中的一大亮點，是依一比五比例打造的「日治時期桃園驛」木造模型。原桃園驛建於一九一三年，是臺灣建築史上極具代表性的和洋折衷式建築，館方透過精細復刻，重現當年車站的典雅風貌。為增添親子趣味與互動體驗，館內設有「桃園號」小火車乘坐區、軌道劇院、積木城市與車長模擬操作裝置，讓大小朋友們在玩樂中學習，深入感受桃園邁向智慧運輸城市的腳步。

單一倉庫的轉變，也掀開了整條鐵道沿線塵封已久的歷史篇章。中壢、富岡等地的老倉庫也陸續被活化，結合藝術創作與文化保存，賦予老建築嶄新的樣貌，讓鐵道歷史重新走入

以 1：5 比例打造的「日治時期桃園驛」木造模型

「軌道玩城市」積木城市互動體驗區

城市日常。

在都市高速發展下，老車站與員工宿舍已成過往，僅存的鐵道倉庫靜靜見證著百年桃園的變遷。隨著鐵道地下化推進，熟悉的風景將再次改寫。而軌道願景館，正是這段轉變中的時光節點——既留住過往，也引領未來。

城市秘境
桃園七七藝文町的文化創生

低矮屋脊覆著日式黑瓦，木造建築靜靜佇立在綠意之中，屋前布簾隨風搖曳，碎石步道蜿蜒至門前。樹影斑駁間，時間彷彿慢了下來。這裡是「桃園七七藝文町」，雖座落於城市正中央，卻像有人按下了暫停鍵，空氣裡只剩風聲與光影在低語。

園區內四棟建物興建於一九二〇年，原為警察局日式宿舍群，每棟皆為雙併形式設計。這些日式木構建築於二〇一二年公告登錄為桃園市歷史建築，是目前少數保留完整的宿舍群之一。建築修復活化後，經由市民票選命名為「桃園七七藝文町」，名稱結合日治建築形式和中正路七七巷的在地意涵。

園區於二〇一八年正式開園，後因疫情影響，原經營團隊退出。二〇二四年六月重啟開放，新團隊引進多元品牌進駐，包括樂埔堂 LEPU TANG、波麗路×時 TABLE、時 GIFT、成真咖啡、首頁讀書館×時 SELECT 等閱讀、選物、展覽、餐飲的空間，並推出特色市集，展現城市文化底蘊樣貌。

「桃園 77 藝文町」原為桃園警察局日式宿舍群

雖然佔地不大，卻有著豐富的生態環境，植栽有櫻花、楊桃

上__導入多元品牌進駐
下__掛滿旅人繪馬的祈福亭

樹、玉蘭花樹、荔枝樹、烏桕、樟樹，四季更迭，各自成景；五色鳥、喜鵲、綠繡眼、臺灣黑鶇等十餘種鳥類穿梭林間、鳴唱晨昏。這鬧中取靜的微型秘境，讓人在城市一隅也能與自然不期而遇。園區還設有祈福亭，亭上掛滿的繪馬是旅人們寫下的祈願。風起時，那些字句輕輕晃動，承載著人們對生活的寄託與心誠則靈的期盼。

巷弄裡的記憶
常民淘寶天堂估衣巷

在中正路及永安路之間，藏著一條名為「估衣巷」的小巷。這裡曾是桃園老城區最具代表性的二手市場之一，名字來自過去人們「估價衣物」的習慣。一九四〇年代，巷子裡擠滿操著外省口音的老榮民。他們在陽傘或帆布下支起攤位，販售泛著舊光澤的軍用品與衣物：卡其布軍褲、皮帶、大衣、軍靴，還有些被修補過的毛毯。價格實惠到被人戲稱為「賊仔市」，卻從不乏買氣，成為常民的淘金場，不論是大人、小孩都愛來此尋寶。

歡迎來估衣巷尋寶

「伊美修改衣服」成為估衣巷特別的存在

時間推進至一九七〇年代，估衣市場迎來黃金時期。攤位上的商品不再只有軍用品，而是遠洋船員夾帶入境的各式進口貨：雷朋墨鏡擺在玻璃櫃裡閃著光，海軍大衣厚重有型，香菸與望遠鏡則傳遞著對外國生活的嚮往。這些在當年都是潮流象徵，幾乎一上架便搶購一空。巷弄內人聲鼎沸、腳步匆匆，貨物在手掌之間流轉，乘載著那個時代對「新奇」與「世界」的渴望。

然而，隨著老兵凋零與時代變遷，估衣市場的榮景不再。曾經喧囂的巷弄，如今多數商家已深鎖鐵門，僅存的一家「伊美修改衣服」繼續做著生意。小小的工作臺前，老師傅全神貫注的操作著縫紉機，縫合著客人的衣物，彷彿也是為這條老巷縫回那些離散的時光。

為了挖掘估衣巷的歷史意涵，桃托邦藝文聯盟發起創作行動，邀請插畫家以估衣巷昔日景象為題，轉化為拼布作品。結合文史調查、田野資料，製作解說圖面點亮巷弄，形塑街區博物館的概念，讓庶民文化與老城紋理，在轉角處重新浮現。

本島第一所 大廟口派出所

灰瓦斜頂、紅磚泛白，木窗靜默佇立。一棟兩層樓的老建築矗立於街角，一、二樓之間的外牆上，鑲嵌著兩個八角形石框中，各刻著特殊符號，是建築物與歷史對話的密碼。左邊是「保」字，象徵日治時期的「保甲制度」，一種以戶為單位、互相監控的管理制度；右邊看起來像「禾」字，其實是臺灣總督府警察旗章。這些細節透露出，眼前這棟建築的角色不只是派出所，更是殖民政府治理策略的縮影，見證了從保甲制到警察制的制度轉型。

大廟口派出所建於一九二七年，當年因規模大、編制完整，被譽為「本島第一所」。一樓是

在轉盤撥打號碼，就能聽到在地故事。

辦公空間，二樓則為保甲聯合會議室與壯丁團、消防設備。戰後，它變成「景福分駐所」，後又轉為交通隊倉儲使用，長期沉寂。直到二〇一七年，文史工作者藍博瀚發起文資提報，這座歷史建築才得以重新被看見。二〇二〇年修復完成並對外開放，搖身變為城市歷史的展示舞臺。

二〇二四年，桃園市文化基金會進駐二樓設立「舊城再生基地辦公室」，並委託桃托邦藝文聯盟推出常設展《曾經的本島第一所》。展覽運用互動裝置、復刻制服、微縮模型與聲音檔案，讓觀眾透過轉盤電話聽在地故事、拼組老城縮影，在體驗中重回歷史場景。

根據展覽資料，派出所的設計與推動者皆大有來頭。興建的倡議人簡朗山，是歷經三代政權的政商名流，亦是「桃崁輕便鐵道會社」（桃園客運前身）的創辦人之一；而設計和監工由來自山口縣、曾規劃桃園棋盤式市街藍圖的日本技師河島傳右衛門擔任。派出所落成後，《日日新報》盛讚其為「本島第一所」，另一媒體《臺灣新民報》卻不這麼看，以「大廟口派出所興建內幕」為標題，質疑工程偷工減料。一間派出所，兩種評價；百年前，媒體之間就已上演「捧」與「殺」

大廟口派出所常設展「曾經的本島第一所」一景（圖／桃園市政府文化局）

的攻防戲碼。歷史，從來不只是過去的事情；它以建築為媒介，靜靜說著我們所處城市的過往。

景福宮迎新神　百年廟宇牽起好姻運

屋瓦層層起伏，朱紅屋頂閃耀溫暖光澤，屋脊雕飾繁複而精細，龍虎騰躍、仙佛佇立，色彩繽紛卻不顯凌亂，如一幅立體的神話壁畫。這裡是桃園景福宮，在地人口中的「大廟」，創建於清乾隆十年（一七四五），是臺灣開漳聖王信仰的重要據點，也是北臺灣最早跨縣市影響的信仰中心。若追溯香火來源，甚至可至康熙年間，漳州吳、謝、郭、陳等宗族來臺拓墾，並從原鄉迎來開漳聖王香火與神像，為這座廟奠定了深厚的信仰根基。

景福宮是祭祀神明的場所，也刻印下族群記憶的地景。它見證了漳州人如何在異地扎根，也映照出桃園從拓墾前線走向信仰中心的歷程。香火之下，還藏著一道道刻進建築細節的時間印記。一八一三年廟宇擴建為三殿格局，主祀開漳聖王，並雕造全臺最大清代聖王像。當時官員蒞臨題贈的三方匾額，至今仍懸掛於殿內，成為這座古廟歷史的見證。

今日所見的景福宮外觀，為民國十二年重建之作，由漳州派大木名匠陳應彬擘畫設計，採用臺灣廟宇罕見的「前後對場」形式。正殿由其子陳己元承工，前殿交由泉州名匠吳海桐施作，兩派工藝同場競藝，卻意外融合出極致和諧的建築美感。最大亮點之一，是全臺少見的「假四垂」歇山式屋頂；在傳統硬山屋頂上，再加上一層外觀宛如另有屋脊的歇山式結構，四根柱子撐起雙重意象，使整體外觀顯得格外華麗而莊重。乍看似雙重屋頂，其實仍是一體成形，極具巧思。

近年來，景福宮因一位新神明的加入，成為年輕世代熱議的焦點。二〇二〇年十二月一日，廟方特別迎來來自臺北霞海城隍廟、以靈驗著稱的「月老神君」分靈，並舉行安座大典。這場莊重的儀式，是信仰上的延續，也象徵百年古廟向年輕世代主動伸出的溫柔邀請。短短時間內，便

臺灣開漳聖王信仰的重要據點

吸引許多年輕信眾前來參拜，祈求好姻緣。廟方也因應熱潮推出主題聯誼活動「桃園大廟遇到愛，月老牽線賜良緣」，引起地方話題，亦在網路廣受關注。

這座歷史悠久的信仰中心，因為月老的到來，再次成為桃園人心中許願與期待的所在。信仰，從不只是傳統的遺產，它也可以很青春、很現代，也因此直到今日，仍然是我們生活中最溫柔的寄託。

從米倉到劇場 儲存城市的精神食糧

穿過景福宮，沿著四層樓高住宅特有的狹窄後巷，迎面而來的是三棟外觀樸實的建物。這裡，曾是日治時期的米穀倉庫，如今則以「米倉劇場」之名重新開門迎人，打開城市另一種文化尺度。

這三棟倉庫建於一九三六年，原隸屬「桃園郡米穀統制組合」，是當時為穩定米價、儲備糧食而設立的基礎設施。戰後繼續作為公糧倉庫使用，並一度作為麻袋倉庫使用，後來漸漸閒置、封閉，一度淪為城市中的廢墟角落。

二〇一七年，在文史工作者藍博瀚的提報與倡議下，三棟倉庫被指定為歷史建築，桃園市政府文化局展開修復工程。歷經結構補強、屋架整建與空間轉換，二〇二二年九月正式開館營運，兩座倉庫變身可容納一百五十席的小型劇場及劇場的營運支援空間。第三棟倉庫則轉型為「永興米倉市民活動中心」，並設有桃園區農會營運的「桃園文化倉庫」，販售農特產品、展示米食文創，亦規劃食農體驗活動，重新賦予空間在地連結的活力。

這三棟建築為雙坡式屋頂、磚造牆體，屬於日治時期典型的「模組化興建」樣式，如今所存不多，是桃園曾為稻米產地的重要見證。整建後保留挑高空間與大跨距木屋架，牆面仍可見標示米穀容量的刻度尺，加上通氣窗與雙坡式屋頂，忠實呈現出舊穀倉的原始風貌。

桃園小型劇場資源不足，許多在地劇團苦於缺乏排練與道具存放空間。米倉劇場的出現，正好提供一處彈性多元的非制式場地。其鄰近景福宮的地理優勢，也讓藝術能量延伸至老城區，成為串聯地方與推動藝文發展的重要節點。

桃園曾是戲院密集的城

承載過去物資記憶的老米倉，以嶄新樣貌重返城市脈絡，化身為表演藝術的據點。
（圖／桃園市政府文化局）

市，最盛時期全市有二十多間戲院，光是米倉劇場周邊就有六間，昔日的榮景已成幻影。不過，米倉劇場已成為新一代戲劇愛好者的聚集地，並且再次點燃這座城市與表演藝術之間的連結。

曾經，這裡是稻穀集散的中心，承載著農人一袋袋的辛勞；如今，轉換成為另一種糧倉，收藏的是記憶與故事，以及桃園這座城市的精神食糧。

地方行動走讀城市 探尋城市角落的生活密碼

在一趟趟的走讀活動中，體現都市現代化與文化保存之間的拉鋸，桃園老城區的街景正在悄悄改變。那些熟悉的小巷、老屋與老店，可能轉眼就被嶄新的建物取代，生活的痕跡被抹得無影無蹤。桃園老城區曾滿是服飾店、金飾店、喜餅店、家具行，如今幾近凋零殆盡，也因此，二〇二五年三月，桃托邦藝文聯盟策劃了「用桃園的形狀造字——我們這樣紀錄老城區」，邀集夥伴上街拍攝，以鏡頭捕捉那些值得被記住的人事物，再轉化為一組組文字符號——像一艘艘小小方舟，承載著當代桃園老城，航向時間的彼岸。

這些符號分為土木興建、日常痕跡、文化脈絡三類，不以線性排列，而是以密度與散布方式講述故事。從建設的蔓延、生活的片段，到文化記憶的浮光掠影，讓觀看的人自由在其中行走、想像。整場展覽就像一面神奇的濾鏡，映出了藏在城市角落的生活密碼——鐵窗花、方塊磚外牆、中藥房招牌上的葫蘆圖案、西服店假人胸前的小小蝴蝶領結、為防貓而插滿竹籤的盆栽，還有因屋內逼仄，只能擺放屋外的瓦斯桶……，正是這些微小到幾乎被忽略的日常細節，堆疊出城市的溫度與質地。

從重獲新生的老建築，到常民生活的細碎片段，桃園老城的人文魅力早已散布街頭巷尾，只待願意駐足的人拾起。

老城區重要據點

桃園軌道願景館

連絡電話　(03)339-2100
位置資訊　桃園市桃園區萬壽路三段245號（桃園火車站萬壽路出口）
開放時間　10:00～16:30（週一、農曆春節休館）
官方網站　tyrp.tycg.gov.tw

其他資訊

免費參觀，現場備有華語、臺語、客語、英語、日語隨身導覽系統，提供民眾自由使用。

估衣巷

位置資訊　桃園市桃園區中正路223號旁（桃源街對面）通往永安路捷徑小道

桃園景福宮

連絡電話　(03)333-7552
位置資訊　桃園市桃園區中正路208號
開放時間　06:00～21:00
官方網站　www.jingfugung.com

桃園77藝文町

連絡電話　(03)332-1969
位置資訊　桃園市桃園區中正路77巷5號
開放時間　09:00～22:00（週一休館）
官方網站　www.mediasphere.com.tw/venues/6

其他資訊

最新即時訊息，請關注「桃園77藝文町」臉書粉專。

大廟口派出所（舊城再生基地辦公室）

連絡電話　(03)332-2562
位置資訊　桃園市桃園區中正路198號
開放時間　09:00～17:00（週一、國定假日休館）

其他資訊

免費參觀

米倉劇場

連絡電話　(03)332-6719
位置資訊　桃園市桃園區新生路169號
開放時間　10:00～18:00（週一、二休館）
Facebook　米倉劇場

其他資訊

劇場檔期，請關注「米倉劇場」臉書粉專。

文化微觀

從桃仔園到桃園城：老城的前世今生

如今車水馬龍的景福宮周邊，從南至鐵路、北抵永和市場，正是桃園最早發展的商業核心。這片區域，曾經有個更古樸的名字「桃仔園」。

追溯至清雍正年間，這裡原是茅草叢生的原野，名為「虎茅莊」，是原住民居住地，尚未有漢人開墾的痕跡。直到一七三七年，來自閩南的移墾者開始進入，其中一支拓墾隊伍在此種下桃樹，讓這片原野有了人煙與名字，也因此得名「桃仔園」。隨著漳州人成為主要居住族群，這個名稱更廣為流傳。

一八〇六年漳泉械鬥爆發，漳州人聚居的桃仔園街慘遭焚毀。為了防禦外敵，居民於一八〇九年在景福宮附近築起土城，並設置四座城門與土地公廟。一八三四年由地方仕紳集資改建為石城，成為全臺首座由民間籌建的防禦城堡，展現當時桃園的經濟實力與社會動員力。

然而隨著時代推移、日治時期的都市規劃介入，以及戰後社會變遷，族群之間的界線逐漸模糊，桃園老城也從衝突地轉化為多元文化交織的歷史舞臺。今日走進桃園老城，雖然當年的械鬥早已遠去，但從廟宇的分布、街區的名稱、乃至居民的口述記憶中，依舊能感受到那段族群遷徙、聚落與磨合的歷史痕跡。

同場加映

淘動漫：桃園動漫文創交流基地

新興座標，進一步串聯文化、商業與想像的多元可能。

二〇二三年十二月，「淘動漫」正式開館，選址於節奏明快、娛樂產業聚集的桃園站前商圈。以「桃園動漫文創交流基地」為定位，是城市中想像力與創造力的嶄新落腳點。

建物為一九六六年落成的「桃園公民會館」，過去曾是在地居民的重要集會與活動場所。如今在文化局的推動下，透過展售、餐飲、表演與觀光等複合式經營模式重新登場，並聚焦於最受年輕世代喜愛的動漫文化，為老空間注入新的生命力。

與此同時，為提升使用效能與注入創意能量，場館採公開標租方式引進民間團隊營運。透過專業管理與活力營運，讓臺灣原創動漫品牌有更多曝光機會，也讓桃園成為動漫迷的

地址｜桃園市桃園區中華路 8 號

開館｜週一至週四 13:00 ～ 22:00、週五至週日 11:00 ～ 22:00

Facebook｜淘動漫

Ch. 02 中壢老城區

在中壢老城，感受舊時光有兩種方式：一邊走進修復活化的城市故事館，一邊沿著街巷探訪串連老店的中壢街區博物館。老建築與老店家交錯，組成屬於這座城市的時光地圖。

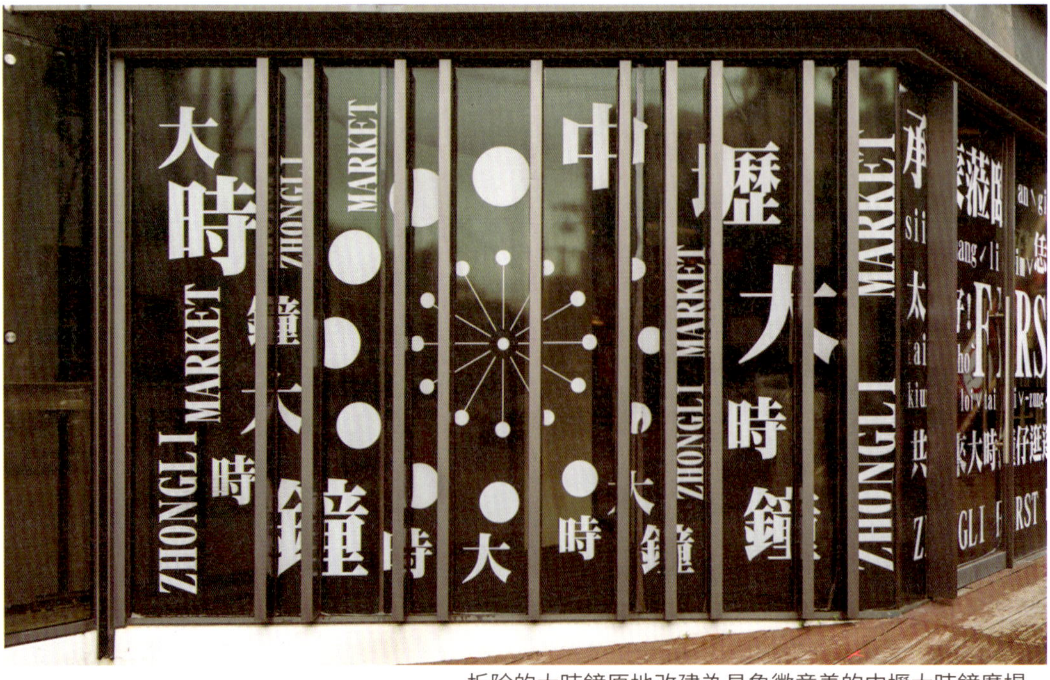

拆除的大時鐘原地改建為具象徵意義的中壢大時鐘廣場

「你要去哪裡?」「大時鐘那邊。」

曾經，在中壢，沒有人不知道「大時鐘」。

這座鐘聳立在大同路與中正路口，由獅子會捐贈，設置於日治時期第一公有零售市場旁邊。久而久之，「大時鐘」逐漸取代了「第一市場」的名稱，成為地標，也是在地人日常生活的座標。全盛時期，這裡有百餘家攤商，是南桃園最大的市集。孩子們的制服和書包是在這裡買的，情侶約會選在這裡碰面。著名的「中壢三寶」——牛肉麵、花生糖與鐮刀，也都從這裡發跡，走入一代人的集體記憶。

但再怎麼熱鬧的地方，也難敵時間的消磨。市場因閒置多年與耐震不足等問題，被鑑定為危樓，二〇一七年遭到拆除。磚瓦傾落的瞬間，也為一個時代劃下句點。

二〇一六年四月，在市場拆除前夕，財團法人桃園藝文陣線理事長劉醇遠與夥伴，穿梭於攤商之間。他們曾為訪查中壢老店，從中取得珍貴田野資料，感受到攤商濃厚的人情味與多元文化交融，彷彿臺灣社會的縮影。

為了替老市場留下紀錄，團隊以「整個市場就是我的小宇宙」為主題，在市場舉辦「回桃看宇宙藝術節」。活動期間，

中壢大時鐘廣場一樓的「歷史記憶客廳」

視覺藝術展場與攤商並行，算命阿伯、裁縫阿姨邊做生意邊分享故事，還熱心指路。有時作品取材對象也會現身，親自講述創作背後的故事。

如今，大時鐘早已消失，舊址也蓋起了商場。但桃園藝文陣線仍持續透過藝文展演、文史調查、空間活化、市集活動與小旅行等形式，試圖找回中壢舊城區的昔日風華。

劉醇遠至今仍每年帶領多場老城導覽。如果想認識在地老建築，「中壢城市故事館群」值得逐一走訪。

自二〇一三年開始，桃園市政府推動「城市故事館群計劃」，讓老建築不只是被保存，而是真正回到市民的生活裡。透過修復與再利用，一棟棟老屋轉化為說故事的場域，讓城市的記憶不只是留在歷史資料裡。

目前共有四座城市故事館，各自訴說著不同面向的地方記憶。中平路故事館描繪常民生活的韌性，壢景町見證政治氛圍從壓抑走向開放，壢小故事森林呈現親子共學風景，而延平路食農故事館則是落實食農教育的實驗場域。

四館之間距離不遠，各具風貌，也串起了一條兼具歷史、生活與食物風味的小旅行路線。如果從大時鐘舊址出發，可依序造訪中平路故事館、壢景町、壢小故事森林，最後抵達延平路食農故事館，在老屋裡品嚐一份與土地連結的輕食，為這趟走讀畫下溫暖的句點。

中平路故事館 四代人的生活空間

一棟落成於一九三〇年的日式雙拼宿舍，曾是公務員眷屬的住所，如今成為城市記憶的載體。這棟屋子曾住著兩戶人家——王家與廖家，四代人在此生活超過六十年。每戶僅有十六坪，曾容納十一口人。

屋裡的木格窗、榻榻米、押入式收納櫃皆完整保留，連灶腳的陶甕與火塘，似乎也還記得那鍋熱湯的香氣。走出屋外，通風口曾是雞鴨寮的氣窗；後院裡那口老水井，曾是鄰里打水、冰鎮西瓜的共享場所。連旁邊的舊豬

左上__住著故事的老屋
右上__透過多元活動邀請人們走入
下__保存狀況良好的日式雙拼建築

圈，也記得王家靠養豬維生的那些日子。生活雖然擁擠，卻活得踏實。

但這棟屋子得以留下，並非理所當然。二〇〇八年原住戶搬遷後，一度面臨拆除命運，是王家第四代的奔走，讓它於二〇一〇年登錄為歷史建築，並在二〇一五年由桃園市政府完成修復，轉身成為今日的中平路故事館。

現在，老屋成為文化場域對外開放，並透過展覽、導覽、講座與體驗活動，重新走進人群。

這座房子記得柴米油鹽的細節，也記得人與人之間的情感模樣，它仍舊住著故事，也在等待更多人來聽。

壢景町 民主轉型的地景記憶

瓦頂、木窗、修整過的矮牆，圍出一方與城市節奏略有距離的靜謐空間。這裡是壢景町，一處從舊時光緩緩走來的所在。

壢景町的前身是日治時期中壢郡役所的一部分，為一九四一年興建的日式警察宿舍群。這裡曾住著一戶鄭姓人家，鄭奶奶在此過了大半輩子，她記得庭院裡那棵櫻花樹，每逢春日落下的花瓣鋪滿地面，像是某個還沒說完的童年場景。

一九七七年發生的「中壢事件」，是臺灣解嚴前具指標性的街頭民主運動之一，而壢景町所在的位置距離歷史現場非常接近，故它象徵的不只是老屋群的保存，

從警察宿舍轉化為文化生活聚點

「粽香壢景迎端午」活動（圖／桃園市政府文化局）

壢景町保存了完整的日式宿舍風貌

強調買在地、買有機的蕃薯藤有機專賣店

亦是民主轉型過程中的空間記憶。

壢景町目前由蕃薯藤團隊營運，園區規劃為三大主題空間：A棟「町之美」透過展覽與導覽介紹中壢人文與歷史；B棟「蕃薯藤Café & Eats」提供當地有機食材烹調的餐食；C棟則結合選品店與食農教育，推廣在地食材與友善生活。

透過這樣的空間轉化，壢景町不僅保存了完整的日式宿舍風貌，也成為集文化展演、飲食體驗與永續生活一體的城市據點。

壢小故事森林 親子共學的老房日常

壢小故事森林不是一片樹林，而是一群會說故事的老房子，一個為親子打造的生活共學空間，也像是被時光輕輕摺疊起來的一隅。

這些老屋最早原是日治時期中壢公學校教職員的宿舍，紅瓦與黑瓦交錯的屋頂、木造建築，見證了百年歲月。過去是家庭起居的地方，經修復與轉化，如今成為一棟棟能讓孩子奔跑、大人駐足的故事小屋。

自二〇一九年重新開放以來，壢小故事森林的存在，不僅承載歷史建築的保存意義，更是生活風景的延續。A棟「讀讀小茶屋」飄著書香與茶香，B棟「故事憨仔店」藏著為孩子準備的驚喜與想像，而C棟「御前上茶」則用一杯茶的時間，邀人品味這片土地的滋味。

園區裡的欒樹與茄苳樹靜靜矗立，像是看守記憶的老朋友，陪伴每位來到這裡的人。這裡沒有門票，只有一條對生活保有好奇的心路。無論是讀一本書、喝一杯茶，或只是坐著聽屋子說話，大人與小孩都能在這裡找到屬於自己的片刻。

在故事裡長大的屋子

通往生活好奇心的小路

延平路食農故事館
吃出地方的滋味

這棟建築可追溯至一九三〇年代，為日治時期帝國製糖株式會社興建的員工宿舍，戰後轉為公教人員宿舍。經桃園市政府修復、由蕃薯藤團隊接手營運，二〇二四年四月對外開放，以「食農」為核心，與城市連結。

一座帶人們從餐桌到土地的廚房

老屋的空間轉化極具巧思！屋內保留大量原有木構造與日式格局，甚至刻意不修補地板上的磨痕，留下歲月流動的證據。展覽區講述平鎮早年農業與製糖的發展史，穿插居民口述記憶與地方農作特色。老照片、老物件與長者的故事，在這裡拼貼出一幅關於食物與土地的地方誌。

館內料理選用小農種植的有機蔬果，米飯來自耕作三代的桃園老農，佐菜取自後院香草花園，醬料則由團隊以當季食材親手發酵調製，食物裡吃得到土地的心意與季節的味道。

作為平鎮區首座城市故事館，延平路食農故事館與壢景町、壢小故事森林、中平路故事館共同構成桃園南區的文化走讀路線。除了是地方活化的成果外，亦是讓城市居民重新思考：怎麼吃、吃什麼、為什麼而吃的生活教育場所。

中壢城市故事館群

中平路故事館

連絡電話　(03)425-5008
位置資訊　桃園市中壢區復興路 99 號
開放時間　10:00 ～ 17:00（週一休館）
官方網站　www.zhongpingstory.com
Facebook　中平路故事館

其他資訊

10 人以上團體，請於參訪前一週申請，可使用電話或臉書粉專私訊預約。

壢景町

連絡電話　A 棟 (03)426-8761
　　　　　B 棟 (03)426-2728
　　　　　C 棟 (03)422-2108
位置資訊　桃園市中壢區延平路 627 號
Facebook　中壢城市故事館 - 壢景町
開放時間　A 棟「町之美」展館 10:00 ～ 17:00（週一、二休館）
　　　　　B 棟「食在地、食有機」餐廳 11:00 ～ 20:30
　　　　　C 棟「買在地、買有機」賣店 09:30 ～ 20:30

壢小故事森林

連絡電話　(03)425-1345
位置資訊　桃園市中壢區博愛路 52 號
Facebook　中壢城市故事館 - 壢小故事森林
開放時間　A 棟「讀讀小茶屋」週二至五 10:00 ～ 16:00、週末 11:00 ～ 18:30（週一公休）
　　　　　B 棟「故事憨仔店」10:00 ～ 17:00（週一公休）
　　　　　C 棟餐廳「御前上茶」11:00 ～ 18:30（週一公休）

延平路食農故事館

連絡電話　(03)426-2729
位置資訊　桃園市平鎮區延平路一段 39 號
開放時間　08:00 ～ 18:00
Facebook　平鎮延平路食農故事館 - 蕃薯藤自然食堂 食寓

其他資訊

晚間預約訂位 20 人以上，延長營業至 20:00。

在中壢老城，想感受舊時光，有老建築修復活化的城市故事館之外，還有另一種形式的文化保存「中壢街區博物館」，串聯起在地老店與巷弄記憶。

這項計劃於二〇一八年由桃園藝文陣線與老店家攜手發起，以「中壢就是一座博物館」為概念，跳脫傳統館舍的框架，從街角巷弄、老店鋪到日常物件，編織出屬於這座老城的記憶網絡。團隊以「弱文物」為核心，關注的不只是歷史遺跡，而是日常使用過、活過的東西；重視的不只是名人故居，而是藏身巷弄裡每一個小人物與他們的故事。

湯記口味肉鬆、新珍香餅行、永利刀具、大東餅舖……，這些職人老店以雙手溫度，續寫中壢老城的匠心物語。對上門的客人，老店們不只賣東西、做生意，也樂於分享藏在歲月裡的動人故事。技藝與記憶就在這樣的交流中，不經意間被傳遞下去。

湯記口味肉鬆老店
從老味道到新世代的堅持

一九二一年，湯家在中壢火車站附近落腳。從甜湯店、愛國獎券行、雜貨店，一路走到六〇年代正式轉型為「湯記口味肉鬆」，這個小攤位隨著時代流轉，也烘焙出中壢人記憶中的古早味。每到午後五點，經過店門，總能聞到一陣熟悉的香氣——那是湯家人正翻炒著一鍋鍋肉鬆。

顧客們口中的「湯姊」，是第三代掌門人湯玟琪。留著俐落的染色短髮，外型幹練，她雖然承接家業，經營思維卻一點也不老派。曾在日本生活十年的湯玟琪坦言，當年出國，其實是想逃離家族事業。沒想到，人生繞了

從古早味到創新日常是湯記的回香路

代代傳承的家族事業，圖中為湯玟琪及其母親。

一圈，二〇一六年，她帶著第四代家人回到老店，投入這門傳統行業。

接手後，湯玟琪選擇改革。為了讓自己也能安心食用，堅持降低糖分與鹽分，去除味精與防腐劑。儘管一開始與母親意見衝突，也冒著「走味」的風險，她仍花了三年時間反覆調整。如今，湯記肉鬆已做到低糖、無味精，甚至連鹽巴也省去，吃得出食材的原味與用心。

湯玟琪相信，傳統產業不是夕陽，除非自己選擇讓它衰退。她重新打開行銷通路，經營社群，讓湯記不只是守成，也能創新。同時亦與文創團隊合作推動中壢街區博物館計劃，串聯其他老店一起訴說地方故事；又嘗試把傳統美食與自行車運動結合，讓臺灣常民文化走得更遠。

一鍋花生酥糖翻炒出中壢的人情與時代

老滋味從市場路邊攤紅到成旅人伴手禮

新珍香餅行
一塊錢起家的百年香氣

中壢新珍香餅行，創立於一九二九年，故事從四個「兩角半」的銅板開始。創辦人范清漢出身新竹新埔，隻身來到中壢，在仁海宮附近的餅鋪當學徒，苦學糕餅與花生酥糖的製作技藝。學成後，帶著父母資助的一元資本，買了鍋花生和麥芽糖，親手炒出第一批花生酥糖，在中壢第一市場擺攤販售。當時沒有機器，全靠雙手翻炒、捶打，憑著誠信與手藝，生意漸起。

范清漢二十六歲時，入贅小他八歲的劉奔妹，夫妻倆日夜趕工，三天三夜不休息成了日常。夏日灶前，劉奔妹揹著孩子，在汗水淋漓中堅持手工翻炒花生，

新珍香第二代江復元、范桂連夫婦

一杵一杵研磨，只為留住最純粹的香氣。隨著事業擴大，新珍香從市場路邊攤，搬到對面租屋開店，最終在民國四十年與幾戶人家合資購地，在中平路落腳扎根。

六〇年代，石門水庫工程開展，大批工程師與技術人員進駐中壢，新珍香餅行的手工花生酥糖陪伴了他們艱辛的工作歲月，成為工地與宿舍間常見的小點心。水庫完工後，中壢也成了前往石門的重要中繼站，新珍香趁勢在產品包裝上印上石門水庫圖樣，成為旅客指名購買的伴手禮。

老中壢人至今仍懷念這味道，海外遊子指名帶回，甚至日本旅客都打趣說：「在日本也找不到這樣的好味道。」目前，新珍香由第二代江復元、范桂連夫婦經營，第三代范家豪也積極投入，守護這鍋慢火翻炒、手工研磨的花生酥香。

巷仔四六文化共享空間 中壢記憶守護者

藏身於中壢民生路小巷深處，有一排六戶連棟的鋼筋混凝土老屋，靜靜矗立了七十餘年。這裡是在地文史工作者陳俊有的老家，曾經承載陳家四代、四十餘人的共同生活記憶。八〇年代起，隨著子孫人口增加，空間已不敷使用，陸續有人搬離。巷內也進駐了市場商家，作為居住與倉儲之用。二十多年前，隨著屋況老舊，住戶紛紛遷出。一九九四年，陳家兄弟全面搬離，老宅自此沉寂。

二〇一六年，陳俊有在中壢社區大學老師的引介，開始參與社區營造與地方學研習。兩年後，陳俊有將目光轉向荒廢已久的自家老屋。透過申請桃園市文化局社造計劃補助，號召社區志工與在地青年，一同清理修復，盡可能保留老屋原貌，讓「巷仔四六」重新甦醒。

如今，巷仔四六空間成為小型展覽、表演與社區聚會的平臺，也長期展示戰後民生市場的興衰、戲院街的繁華，以及陳家家族的故事。透過影像拍攝與田野調

巷仔 46 化身社區文化新據點

查，這座老屋不僅被保存，更以嶄新的形式記錄並串連起中壢老城的街巷人情與流轉光景。

走入街區
建立「我是中壢人」的認同感

劉醇遠在中壢長大，對家鄉印象一度模糊，大時鐘在他心中曾只是個「買東西的地方」。

中壢舊名「澗仔壢」，名字裡藏著水的記憶。有人說源自老街溪與新街溪的流經，也有人認為，是平埔族澗仔力社與之巴社留下的痕跡，訴說著人與土地的關係。因地處艋舺與竹塹之間，早年成為商旅往返途中歇腳的落點，於是有了「中壢」這個名字，意指位於中間的壢地。從清代漳州人最早來此拓墾，到閩

創始於民國 40 年、三代傳承的有信糖菓行

南、廣東與客家移民陸續落腳；一九四九年後，滇緬孤軍與來自外島的軍民在此安身；一九七〇年代工業區設立，又吸引來自中南部的移工與原住民族群。如今，東南亞新住民也加入其中，讓語言、味道與街景樣貌更加多元。

後來，劉醇遠的朋友鄧惠如及杜彥穎偶然翻到老地圖，與劉醇遠分享，從密集的店家分布看見中壢百工百業、多元族群交織的人文記憶，這讓他們萌生了深入挖掘的念頭。於二〇一四年與杜彥穎、鄧惠如等一群夥伴成立了「桃園藝文陣線」，投入保存地方歷史的行列。剛開始走訪中壢街區時，不免感受到老店家對外來年輕人的觀望與防備。團隊以最樸實的方法反覆拜訪、聊天、聽故事，慢慢讓老店習慣他們的存在。從田野調查、口述記錄，到邀請店家參與展覽與走讀，老店家打開了心房，也成為文化行動的一部分。

自二〇一五年陸續推動「藝術返鄉」與「桃園在地」計劃，舉辦「回桃看藝術節」，串聯青年與藝文社群，將藝術帶入閒置市場與公共空間，打造多元在地文化與創作的交流平臺。團隊長期關注文化資產與空間活化，曾設立角礫藝文咖啡、中壢五號倉庫藝文基地，結合策展、文史與空間規劃等專業，致力以藝術轉化地方議題，實踐可持續的文化行動與創生模式。他們相信社區營造與地方創生是一種溝通，透過藝術與策展的手法，讓關注的議題成為大家願意投入的行動。

這樣的互動，不單為了記錄老店的故事，更是讓老店家重新認識自身價值，也使在地人對自己的生活場域產生新的認同與自信，讓更多人，特別是年輕一代，建立起「我是中壢人」的認同感。這將是守護地方、推動城市再生的重要力量。

就像大時鐘雖已消失，然而中壢人記憶中的大時鐘，仍以隱形的指針牽引著人們回望過去，並眺向未來。

i

中壢街區博物館全攻略

中壢老街裡，藏著十一間民間館舍，組成了「街區博物館」。每一間店都是一段故事，每一道門背後都有時光的痕跡。走進老店，翻閱牆上的老照片、櫥窗裡的文物，讓街道變成展廳，讓日常成為記憶。中壢的故事，就藏在這些人與空間之中，等你來慢慢發現。

彭元吉刃物

創立於 1928 年，彭元吉刃物是推動「中壢三寶」之一「禾鐵」走向國際的關鍵力量。1956 年成立「雙元吉利器廠」，後分營為「元吉刃物五金」，專營刀具、五金與園藝用品。三代傳承，延續的是一把刀背後的職人精神。

電話　(03)425-6042
地址　桃園市中壢區元化路二段 29 巷 8 號
營業　09:00 ～ 18:00（週日公休）

余廣松刻印社

創立於 1936 年，余廣松刻印社由余喜添創辦，自日本學成返臺後，在中壢開啟印章工藝之路。1960 年代遷至現址，更名延續手刻傳統，專營牛角章、水晶章與印判雕刻。店中留存的手稿與作品，是中壢商業歲月的靜默見證。

電話　(03)422-3566
地址　桃園市中壢區大同路 95 號
營業　09:00 ～ 18:00（週六、日公休）

大東餅舖

創立於 1945 年，大東餅舖源自日治時期的「錦珍香」，專做祭祀糕點。戰後另立「日香」，第三代延續古早味手藝，因鄰近大東戲院改為現名。親民價格與熟悉滋味，使其成為在地人日常的美味記憶。

電話　(03)425-5888
地址　桃園市中壢區中山路 319 巷 15 號
營業　08:30 ～ 17:30（週一公休）

巷仔 46 文化共享空間

1950 年興建的三層樓老屋，曾是陳家六戶人家的住所，最多住過四十多人。1994 年住戶全數搬遷，沉寂二十餘年後由後代整修重生，化身「巷仔 46 文化共享空間」，承載中壢市的變遷與陳家四代的生活記憶。

電話　(03)425-5888
地址　桃園市中壢區民生路 46 號
營業　預約制

有信糖菓行

從一瓶汽水開始，甜進中壢人的童年記憶。1950 年代創立，曾是全中壢最大的糖果批發店，見證地方風華盛景。隨著時代轉變，從批發轉向零售，櫃上的復古糖果與玩具，承載的不只是滋味，更是一段老中壢的時代縮影。

電話　(03)422-2532
地址　桃園市中壢區中正路 251 號
營業　10:00 ～ 21:30

北帥西服

創立於 1985 年，北帥西服自臺北中華商場遷至中壢，與西服老店共同形塑復興路裁縫一條街。講究剪裁、堅持工藝，見證 1990 年代流行文化，也為軍警、學生與潮流男仕留下合身又經典的青春身影。

電話　(03)422-4008
地址　桃園市中壢區復興路 169 號
營業　09:00 ～ 21:00

益新冰菓室

創立逾一甲子，由吳義橋創立的益新冰菓室，三代傳承手工冰品，堅持實在用料與古早風味。三色冰花豆、綠豆、芋頭交織童年滋味，搭配玻璃瓶裝「魔術飲料」，成為中壢人夏日裡最熟悉的甜蜜時光。

電話　(03)422-9697
地址　桃園市中壢區和平街 15 號
營業　09:00 ～ 22:00

石刃職人刀藝／永利刀具

由女刀匠創立，承襲 1956 年「永利」鑄刀老廠精神，以日本武生鋼材鍛造現代廚刀，融合創新設計與經典工藝。從鑄刀到烹飪，石刃希望透過手作之美，喚回人與工具、文化之間的深刻連結。

電話　0965-342-630
地址　桃園市中壢區中山東路一段 193 號
營業　預約制

仁利菜包

走進中壢市的民生路，飄來熟悉米香。仁利菜包店承襲客家米食文化，專賣手工粽包與草仔粿，每日清晨，老闆宋盛樺一家親手備料，只為端出最道地的滋味。Q 彈香濃的草仔粿，是在地人逢年過節、日常點心都少不了的巷仔內美食。

電話　(03)422-9924
地址　桃園市中壢區民生路 59 號
營業　06:30 ～ 18:30（週一公休）

湯記口味肉鬆老店

湯記口味肉鬆老店

百年前扎根市場邊，湯記從雜貨鋪起家，一路走進中壢人的記憶裡。三代傳承手工技藝，專營肉鬆與肉乾，堅持純手作、融入創新，每一口都是時間的醇厚與客家風土的滋味。老味道不只留住在地人，也吸引無數旅人循香而來。

電話　(03)422-7658
地址　桃園市中壢區大同路 161 號
營業　08:00 ～ 21:00

新珍香酥糖

一口酥脆，百年餘香。創立於 1929 年的新珍香酥糖，以花生酥糖打響名號，被譽為「中壢三寶」之一。從昔日商旅必備的伴手禮，到今日全臺知名的在地名產，三代傳承的不只是滋味，更是中壢獨有的歷史與風土記憶。

電話　(03)422-2653
地址　桃園市中壢區中平路 146 號
營業　10:00 ～ 21:00

同場加映

中原文創園區：打造桃園文創地標

從臺北的華山、松菸，臺中的審計新村，到高雄的衛武營，集結市集與展演活動的文創園區，早已成為假日人潮匯聚的城市亮點。相較之下，桃園近年雖也積極推動老眷村轉型，卻因缺乏具規模開闊的展演場域，在全臺的文創版圖中顯得較為低調。

然而，桃園的藝術與文創能量從未缺席。中原、銘傳、北商大、元智等大專院校皆設有藝術與設計相關學系，許多在地藝術團隊長期耕耘。雖具備發展潛力，因受限於空間資源，始終缺乏一座真正屬於桃園的文創基地。隨著中原文創園區的誕生，桃園終於擁有一處能承載創意、連結城市文化性格與在地特色的關鍵場域。

園區前身為國防部聯合後勤司令部，曾是當年存放美援物資的重要倉儲基地，番號「六一三庫」，總佔地約七千坪。現今轉型為文創園區的十棟庫房，單棟面積自六十餘坪至逾百坪不等，各棟建築之間以一片約一百二十坪的戶外草坪串聯，提供舒適的開放空間。

（圖／桃園市政府文化局）

改建過程中，各棟建築依照用途量身設計。園區十棟倉庫中，四棟規劃為展覽空間，方正的場地及挑高設計，適合不同形式的藝文展覽；三棟為複合式的多功能空間，可因應不同活動調整運用；其中，有一棟特別規劃為由文化局與青年局共同設立的「桃藝工坊」，成為青年創作者試驗與發光的起點。

另有文創商店以及半戶外的表演空間，除了兩側展開的區域、看臺區的設計也可作為表演及發表的展演場域。戶外的草溝區適合舉辦市集、設置裝置藝術或節慶布置，鄰近的三角公園綠地則將成為開放共享的活動場

（圖／桃園市政府文化局）

域。作為地方型文創園區，中原文創園區致力與在地藝文團隊緊密連結，成就他們第一個展演舞臺；在地創作者的加入，也為園區帶來持續成長的養分與更多可能。

二〇二三年十一月二十五日園區以首檔大型活動「二〇二三桃園文創博覽會——桃園超有種」揭開序幕。策展團隊歷時兩年籌備，從營區空間轉化出發，重塑視覺重心，同時深入剖析這座具備多重性格、多元族群與豐富產業特色的城市脈絡。

在首場大型文創博覽會成功引起關注與聲量後，中原文創園區持續推出各類型精彩活動，以展覽串聯全區動向，延伸主題結合靜態與動態，並同步規劃周邊活動，多元有趣的形式拉近了與大眾的距離。此外，也建立自有品牌「中原文創六一三市集」，於每週末提供多樣的文創商品、美食餐車及街頭藝人表演，並辦理多檔節慶及主題活動。匯聚展覽、市集、表演、講座、工作坊等，讓更多藝文團隊與觀眾認識這座可被使用、共享與參與的文化場域。

曾是國軍儲放物資的倉庫，如今已蛻變為展覽、表演、市集、美食與創意孵化的多元平臺。中原文創園區不只是年輕人的探索倉庫與夢想的集散地，也是在地居民與旅人吸收藝文能量的全新據點。

（圖／桃園市政府文化局）

i

地址 | 桃園市中壢區忠仁路 33 號

營業 |10:00 ～ 18:00（週一休園）

官網 | cycc.org.tw

延伸視角

在新屋、觀音、楊梅 聆聽風、浪與土地的對話

在桃園的西南隅，新屋、觀音與楊梅三地如串珠般相連，各自展現著自然與人文交織的風貌。這裡少了城市的喧囂，多的是風、海與土地共譜的生活節奏。

新屋，是風的所在，也是海的記憶。從石滬到牽罟，客家先民耕海捕魚的智慧世代相傳。平坦的沿海地形孕育出與自然共生的生活方式，也形塑了勤奮踏實的客庄文化。

觀音，沙丘如浪，風車轉動。草漯沙丘在陽光下閃耀著金色波紋，是臺灣唯一以沙丘為主體的特色地質公園。

楊梅，地勢起伏、人文深厚，是桃園的丘陵之城。這裡曾是教育與商業的重鎮，也是客家文化的重要據點。老街巷弄與祠堂古厝保留著歲月痕跡，訴說著地方的故事。

三地相鄰，地景各異，卻都展現了桃園另一種面貌。

新屋石滬故事館 潮間帶的智慧遺產

石滬，是沿海客家人順應潮汐、就地取材所發展的傳統捕魚法。在潮間帶堆疊低矮石牆，漲潮引魚入內，退潮時魚被困於石滬中，便於

捕撈。這種捕魚方式無需網具與動力船，對海洋生態干擾極小。

桃園新屋擁有北臺灣少見的石滬遺跡，因排列如魚鱗，也被稱為「魚鱗滬」。在地方有志人士的推動，這座靜臥於潮間帶的古老石滬，逐漸轉化為帶動地方發展的珍貴資產，並催生出「新屋石滬故事館」，承載著傳承與再生的使命。

故事館於二〇二一年成立，由三十多年前的舊警察宿舍改建而成。內部空間分為一樓的漁滬文化導覽區與二樓的海創客教室。海廢再生DIY是館內一大特色，將海邊撿拾的浮球、塑膠與漂流木轉化為充滿創意的藝術品，傳遞資源循環與環境保護的理念。

（圖／桃園市新屋區愛鄉協會）

從石滬觀景、藻礁保育、保安林巡護，到多元體驗活動如：百年石滬堆疊體驗、討海人鹹醃飯品嚐與一日漁夫小旅行，處處展現與大自然共存的智慧。石滬的重建與維護成為社區志工間合作的重要工程，透過堆石、清理、巡守，守護生態也凝聚了人與人之間的情感。

新屋石滬故事館以「生態——環境」、「生活——文化」、「生產——經濟」三生共榮為核心，結合學校、社區與政府資源，打造多元串聯的在地平臺。

牽罟文化從生活方式轉化為代代相傳的精神：海客源遠來，里海永相傳。（圖／海洋客家休閒農業區）

海洋客家牽罟文化館 耕海精神在此上岸

天才微亮，一群人已站在沙灘上，雙手緊握粗繩，望向遠方那彎弧形撒入海中的漁網。隨著整齊的吆喝聲響起，網繩在手中緩緩收緊，溼重的網身拖著海水與沙粒一同上岸，漁網裡閃爍著魚群的銀光。

這種在沙灘或淺海進行的集體漁撈行動，叫作「牽罟」，源於清乾隆年間客籍移民的定居與發展。這項講求合作與共享的捕魚方式，展現了客家人勤奮共生的精神。新屋客家人口佔比高達八成，孕育出獨特的「耕海」文化，也成為臺灣海洋客家牽罟文化的代表。

二〇二〇年夏天啟用的「海洋客家牽罟文化館」，是全臺首座以牽罟文化為主題的場館。其前身為軍方海防基地，原規劃為新屋綠色隧道的單車休息站，經桃園市府重新定位與整建，轉型為傳承與展示海洋客家文化的重要場域。

館內空間溫馨實用，一樓是農漁事體驗區與農產品銷售區，除了能預約品嚐傳統「牽罟飯」，還可在生態水族箱中觀察活潑的海洋生物；二樓設有小巧的吧檯與戶外座位，是旅人休息放空的好地方；三樓保留了軍事瞭望臺，讓人得以遠眺蔚藍的牽罟灣，一覽無遺。

文化館透過牽罟歷史照片、傳統漁具與地方文物，引領人們回望那段與海共生的記憶。

草漯沙丘地質公園 北臺灣的沙漠與海洋奇蹟

沿著桃園觀音區的海岸線，

一片波光沙影悄然展開。草漯沙丘地質公園，全臺首座以沙丘為保育核心的地質公園，就座落於此。從北端大園區的老街溪出海口，一路綿延至南方觀音區的大堀溪，約八點一公里的沙丘地景鋪展出壯闊又細膩的自然畫卷。

這片面積遼闊的沙丘，是臺灣保存最完整的海岸沙丘系統。東北季風與南風交織而成的風場，攜帶老街溪、富林溪與大崛溪的泥沙，在歲月堆疊下塑造出高達十五公尺的起伏地勢。地貌如畫，被譽為「臺版撒哈拉」。

園區內設有潮音海觀景步道、黃槿步道與觀景平臺，讓人得以貼近沙丘的脈動；步道入口旁的百年張家古厝，則為這片自然風景增添一筆文化記憶。

草漯沙丘的生命力，不只藏在沙中流轉的風裡，還藏在每一株抵抗海風的林投、木麻黃與苦楝之中。這些耐鹽防風植物穩固了沙丘根基，也守住了海岸線。而每逢初夏綻放的天人菊，更是這片地景的亮色，花海鮮豔恣意，吸引旅人駐足賞花。

不遠處的觀新藻礁，是臺灣面積最大的藻礁地形，生態價值極高。退潮時，遊客可在潮間帶觀察到各類藻類、魚蝦、螺貝類等海岸生物，也能沿著木棧道進入紅樹林教育園區，近距離觀察彈塗魚、招潮蟹等潟地物種。

草漯沙丘地質公園全區分為核心區、復育區與一般區，兼顧研究、保育與遊憩，展現友善環境與科學管理並行的可能。

校長故居（圖／桃園市政府文化局）

西照閣（圖／桃園市政府文化局）

楊梅故事園區承載用心築起的學堂

在楊梅國中旁，有棟紅磚老屋靜靜佇立，見證了一段深具情感的教育傳奇。這裡是「楊梅故事園區」，前身是楊梅中學創校校長張芳杰的故居，如今化身為承載地方記憶與人文精神的文化空間。

一九四八年，張校長受桃園縣楊梅鄉地方耆老之託，帶著滿腔熱忱與教育使命，與地方紳士齊心協力，以自力建校的方式，創辦了楊梅中學，並擔任首任校長。在任期間，他積極擴展教育資源，陸續創設八所初中分部，為南桃園奠定了穩固的教育基礎。

建校初期資源匱乏，張校長親自帶領全校師生，在每日第七堂課後前往老坑溪搬運石塊，築起一磚一瓦的校舍。在這場身體力行的建校行動中，師生間彼此凝聚出如家人般的情感，也鑄成了楊梅老校友們至今難忘的共同回憶。

園區主建物，是張校長與家人於一九五三至一九六八年間的住所。這棟庭園式建築融合中西風格，室內空間約五十坪，設有書房、通鋪、小孩書房等多重空間。其中「學生通鋪」最為動人；張校長將自宅開放給通勤困難或家境清寒的學生，與他們同住共食，把教育的愛延伸至生活的細節，真正做到「視學生如己出」。每逢暑假，這間通鋪還會轉作入學考試命題教師的「闈場」，可說是深具歷史重量的空間。與主屋相對的「西照閣」，原為教職員宿舍，如今轉型為藝文展覽與多功能展演空間，推廣楊梅與客庄的人文藝術。

園區另有一間教職員宿舍，張校長退休後曾居住於此，建物因有著白色外牆，又被稱為「小白宮」。

這不單是一座保存完好的老

小白宮（圖／桃園市政府文化局）

宅，而是一本述說教育情懷與在地記憶的故事書。從張校長的奉獻與對學生的關懷，可見這裡承載的不只是建築記憶，還有一種信念——相信教育能改變未來。

i

新屋石滬故事館

連絡電話	(03)476-0409
位置資訊	桃園市新屋區觀海路一段 2180 巷 70 號
開放時間	09:00 ～ 17:00（週二、三休館）
Facebook	新屋石滬故事館

其他資訊

免費參觀，團體預約導覽請電洽。

海洋客家牽罟文化館

連絡電話	(03)476-9971
位置資訊	桃園市新屋區觀海路二段 278 號
開放時間	09:00 ～ 18:00
官方網站	www.oceanhakka.com.tw

其他資訊

免費參觀，戶外導覽請洽「海洋客家休閒農業發展協會」。

草漯沙丘地質公園

位置資訊	桃園市大園區老街溪出海口至觀音區大堀溪出海口間之沿海地帶
Facebook	草漯沙丘地質公園

其他資訊

免費參觀

楊梅故事園區

連絡電話	(03)488-0275
位置資訊	桃園市楊梅區校前路 49 號
開放時間	10:00 ～ 17:00（週二休館）
Facebook	楊梅故事園區

其他資訊

免費參觀

行旅路線・二

大溪木藝館群巡禮：慶典文化與生活的融合

在桃園大溪，文化不再只被陳列於展櫃中，而是走入生活、活在街巷之間。大溪木藝生態博物館以「無圍牆博物館」的理念，讓日治時期建築、街角工坊與居民記憶交織成一幅活的文化地圖。居民不僅是文化的見證者，更是說書人與創作者，透過日常匠藝與導覽，傳承地方記憶。

每年六廿四的大溪大禧，更讓這座小鎮成為信仰與藝術的舞臺。從廟宇遶境、社頭藝陣到酬神戲劇，傳統儀式融合設計與表演，讓慶典超越宗教，成為社區共同創作的文化慶典。木博館與地方居民攜手，不只是儲存歷史，更讓文化在日常流轉，慶典在生活中生根，展現出一座小鎮如何以文化為力量，活出過去與未來的連結。

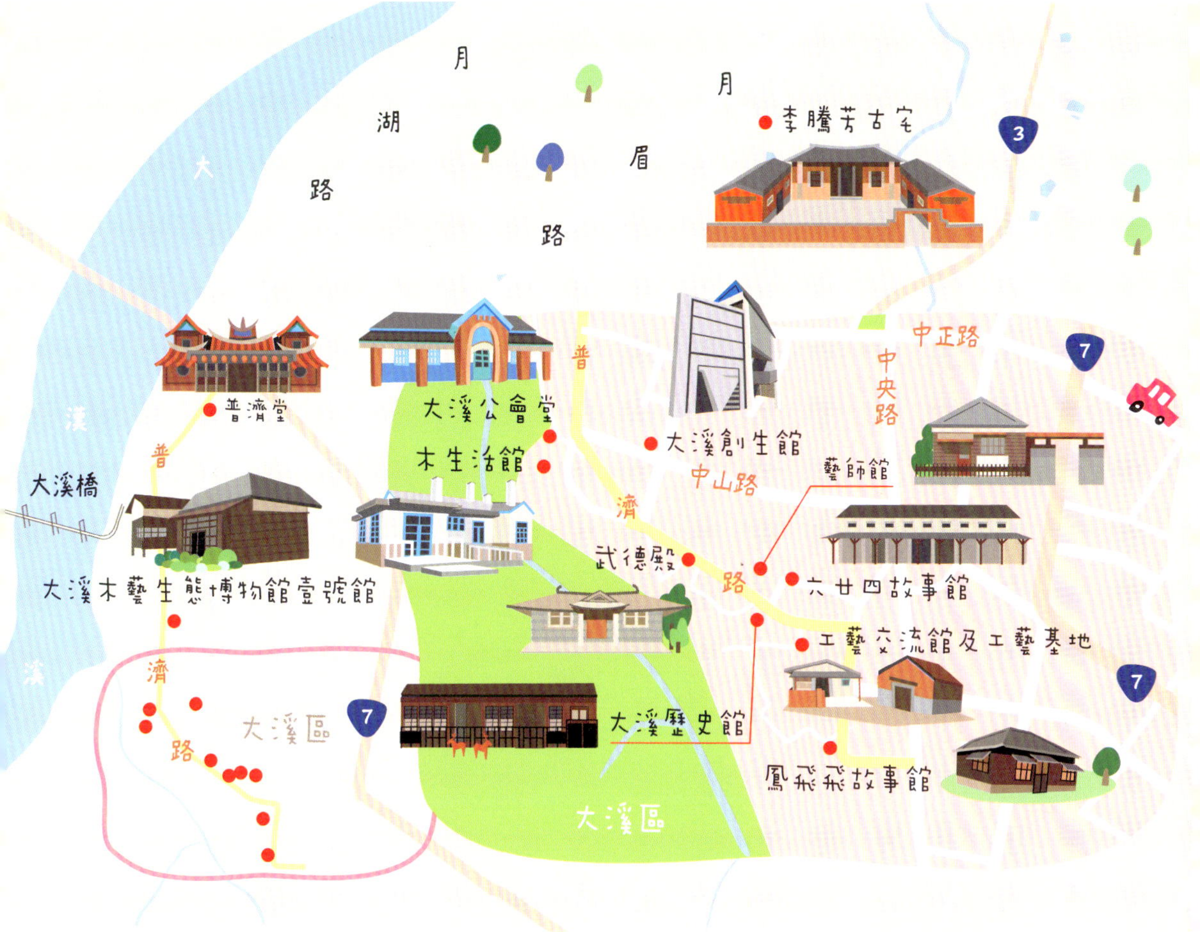
月
月
湖
眉
大
路
路
李騰芳古宅
3
普
中正路
中央路
7
普濟堂
大溪公會堂
木生活館
大溪創生館
中山路
藝師館
漢
大溪橋
普
濟
武德殿
路
六廿四故事館
大溪木藝生態博物館壹號館
工藝交流館及工藝基地
濟
7
溪
大溪區
7
路
大溪歷史館
鳳飛飛故事館
大溪區

Ch.03 大溪木藝生態博物館

從修復的日式警察宿舍展開，延伸到街頭巷尾的商家，並融入每位居民的手中與記憶。大溪木藝生態博物館沒有圍牆，展示的除了木藝，還有生活與文化。它不僅保存過去，更與當下共生，與地方一起邁向未來。

普濟路旁的大溪歷史館是木博館的常設展館

如果回到三百年前的大溪，你沿著大漢溪邊緩步前行，河霧迷濛，遠處傳來划槳聲，一艘裝滿貨品的木船順著水流向北而去，目標是淡水河口，再轉運到廈門、廣州，甚至更遠的東南亞。

街道不寬，卻熙來攘往。農夫挑著稻穀送往糧行，茶商端詳新炒的茶葉，盼望賣個好價錢；商販正準備將成批樟腦運送上船。河水奔流，載著大溪的樟腦、茶葉、稻米與木材遠航，也將財富與繁華帶入大溪。街道逐漸繁華起來，酒樓、布莊、糧行相繼設立，一片富庶景象。經商致富的家族紛紛興築宅邸，吸引了外地的木工匠師定居。憑藉豐富的林產資源，大溪逐步崛起為木藝重鎮。全盛時期，大溪擁有三百多間木器行，幾乎全臺灣的神桌皆由大溪出品。

如今，水運不再，樟腦業與茶葉貿易也已失去往日的光彩。然而，在大溪某個街角，傳統木器行的燈火依舊明亮。年輕的匠師正握穩鑿刀，刀鋒輕觸木面，刻下第一道紋路。專注的眼神彷彿穿越時光，與三百年前的匠師悄然交會……

首座市立博物館　承載百年木藝的文化殿堂

二〇一五年一月一日，大溪木藝生態博物館（簡稱木博館）正式成立，成為桃園市首座市立博物館。二〇一四年桃園升格為直轄市，市府團隊希望藉此契機，為桃園打造一座具有地方特色的博物館。

桃園市轄下共有十三個行政區（包括一個原住民區），經過審慎評估，團隊選擇大溪。這裡擁有百年木工藝傳統，並保存了珍貴的日治時期建築群，具有深厚的文化價值，是成為桃園第一座市立博物館的理想落腳點。

大溪是一座充滿歷史深度與文化故事感的城鎮，昔日的繁華，至今仍在這座城市留下豐富的

文化記憶與產業遺產。團隊在籌備木博館時便發現，大溪的街巷中處處皆是故事，當地居民對於在地文化懷有深厚的情感，並願意投入文化保存與經營。

這份來自在地的強烈文化認同感，成為木博館能夠扎根於地方並持續發展的關鍵力量。

活化歷史建築 日治老屋變身展覽館

設立博物館，首先需要展覽空間。市政府並未另建新館，而是活化現有的日治時期建築群，讓歷史建築本身成為展示場域。

桃園在日治時期是北部重要城鎮，總督府陸續興建郡役所、警察局、宿舍、學校等公務機關建築。大溪當時設有大嵙崁支廳，為維持治安與行政管理，興建了一系列木造警察宿舍。隨著交通發展與人口流動增加，治安需求日益提升，警察宿舍群的規模也逐步擴大，最終形成今日保存良好的歷史建築群。這些建築多為木造高架房舍，通風良好，設計簡樸而典雅。然而，歷經時代變遷，建築群長期閒置，亟待整理與修復。

過去桃園市文化發展科曾啟動大溪警察宿舍群的調查研究，並於木博館成立後，由館方團隊持續投入大溪警察宿舍群的細部設計與修繕工程，不僅讓這些建築恢復昔日風貌，也融入現代展示需求，使其發揮文化傳承的價值。除了硬體修復，團隊也進行口述歷史訪談與田野調查，記錄原住戶的生活記憶，深入挖掘建築背後的歷史脈絡，讓文化資產的保存不僅止於建物，更延伸至人文故事的承載與傳承。

二〇一五年三月二十八日，木博館首座修繕並對外開放的館舍「壹號館」正式啟用。此後，武德殿、藝師館、四連棟（大溪歷史館）、李騰芳古宅、六十四故事館等館舍相繼加入，使博物

桃園市立大溪木藝生態博物館館長陳倩慧，十年前便與市府團隊推動設館、活化歷史建築。

「開箱大溪」常設展敘說大溪人的生活與歷史

館的文化版圖逐步擴展至十餘座館所。各館舍的展覽內容，圍繞大溪的歷史、木藝文化與地方特色展開：

- **壹號館、大溪歷史館**：聚焦大溪的發展歷程與木藝產業，透過多媒體互動與實體文物，呈現地方文化脈絡。
- **藝師館、木生活館、大溪公會堂**：專注於木工技藝，展現職人故事、傳統工藝與現代設計，讓參觀者體驗木材在日常生活中的應用。
- **李騰芳古宅**：展示大溪客家傳統建築之美。
- **六廿四故事館**：記錄關聖帝君聖誕慶典的祭典文化。
- **武德殿**：作為大型特展空間，不定期舉辦與木藝相關的主題展覽。
- **工藝交流館、工藝基地**：工藝師駐村與技藝傳承的平臺，推動木藝產業創新與發展。
- **鳳飛飛故事館**：紀念大溪出身的知名歌手鳳飛飛，藉由影像、音樂與文物展示，讓人緬懷她的經典歌聲。
- **大溪創生館**：木博館第一座全新打造的主題館所，由建築師簡學義設計，透過科技與創意手法，呈現大溪的歷史變遷、人文故事與地方創生。
- **大溪國小日式宿舍**：由木博館建築修復與代管，於二〇二五年新開放的館舍。過去是作為大嵙崁公學校教師宿

大溪歷史館為大溪百年警政宿舍群之一

木博館第一棟修繕完成開放的館舍「壹號館」

舍使用，現在是親子木育空間，以創造木製遊戲場域來培養孩子們的對工藝感知與創造的空間。

未來木博館將持續透過修繕與活化歷史建築，讓這些珍貴的文化資產不僅被妥善保存，更能夠與現代生活連結，讓歷史記憶在大溪的街巷間持續的流轉。

大溪木藝生態博物館 13 座館舍

壹號館	桃園市大溪區中正路 68 號
武德殿	桃園市大溪區普濟路 33-3 號
大溪歷史館	桃園市大溪區普濟路 23 號
藝師館	桃園市大溪區普濟路 52 號
李騰芳古宅	桃園市大溪區月眉路 198 巷 32 號
大溪公會堂	桃園市大溪區普濟路 21-3 號
木生活館	桃園市大溪區普濟路 21-3 號
六廿四故事館	桃園市大溪區普濟路 48 號
工藝交流館	桃園市大溪區普濟路 13 巷 7 號
工藝基地	桃園市大溪區普濟路 13 巷 9.11.13.15 號
鳳飛飛故事館	桃園市大溪區普濟路 5 號
大溪創生館	桃園市大溪區中山路 48 號
大溪國小日式宿舍	桃園市大溪區普濟路 84 巷 3.4 號

連絡電話	(03)388-8600
開放時間	09:30 ～ 17:00 (週一休館)
官方網站	wem.tycg.gov.tw
Facebook	桃園市立大溪木藝生態博物館

其他資訊

13 座館舍皆為免費參觀，但館舍位置分散，建議預留至少半天時間細細走訪。

走進無圍牆博物館
讓在地人說自己的故事

走進今日的大溪，恰逢細雨飄飛的清晨，街道微溼，老街正悄然甦醒。空氣中飄散著淡淡的木頭香氣，那是協盛木器行的刻刀與刨花留下的氣息。年輕的第三代老闆姚世豪正帶領遊客，講解傳統木工的測量技巧與製作邏輯。一把刨刀、一條墨線，勾勒出大溪木藝的細膩工法。

再往前走，醬香撲鼻而來。黃日香本店第四代經營者黃淑君正示範製作豆腐乳，雙手翻攪間，將發酵百年的手藝娓娓道來。玻璃罐裡浸泡的不只是醬汁，而是代代流傳下來的味覺記憶。街道的另一頭，陽光映照著新玉清木

工藝基地由六連棟等三棟歷史建築再利用，作為工藝教室、木工場及工藝傳習室等使用。

在新玉清木器看木器技藝的奇妙
（圖／桃園市立大溪木藝生態博物館）

達文西瓜藝文館館長示範如何解開「魯班鎖」
（圖／桃園市立大溪木藝生態博物館）

器的招牌，第二代老闆娘楊美麗正向孩子們介紹各種木材的質地。她輕輕撫摸著一塊老檜木，細細講述這些木頭如何變成一張桌、一扇門，甚至是一段歲月的見證。

對街，一座典型的三拱牌樓建築映入眼簾，這裡的前身是盛源商行，如今則是達文西瓜藝文館，館內擺滿與大溪文化相關的文創商品。館長黃建義正向訪客示範如何解開「魯班鎖」，一塊塊交錯的木條，像極了這座老街——縱橫交織，卻又緊密相扣，訴說著大溪獨特的工藝智慧。

這些在地商家，還擁有另一重身分——木博館的「街角館」，每個商家都是展間，他們的匠藝與故事，就是展覽內容。當年籌備木博館時，團隊便有一個想法：這座博物館的知識，不能只來自專家，而要來自居民自己。於是，一場地方共學的文化運動悄然展開。在文化局的協助下，在地居民開放私人空間——百年老屋、老店、木藝工作坊，作為展覽場域，居民則透過培訓，擔任文化導覽員，親自向遊客分享家族故事、產業發展與在地生活文化。

木博館是臺灣首座以「生態博物館」概念運作的市立博物館，強調不以單一建築空間為主體，而是將整個社區視為博物館，透過居民參與來推廣當地文化。這種模式不僅保留了大溪的木藝傳統，也活化了地方產業與社區凝聚力。所以每個街角館的展覽與

上__經過百年歲月再現風華的蘭室
下__蘭室茶坊運用大漢溪流域運送的茶葉作為選茶脈絡
（圖／桃園市立大溪木藝生態博物館）

活動，不是文化局派策展人設計，而是由居民自由決定如何說自己的故事。

木博館與街角館，共同構築了一座沒有圍牆的博物館，在街巷之間綿延生長。

打造大溪工藝品牌 讓文化成為地方力量

在地方協力的信念下，木博館扮演平臺角色，串連地方文史團體、匠師協會、街坊店家與居民社區，共同打造共學共創的文化網絡，讓地方文化的保存與再生，真正融入日常生活。

街角館的形式十分多元，譬如：「香桔子小客廳」雖設在多目標體育館內，看似只是販售手沖咖啡與厚片吐司的攤位，實際

上__由在地店家與居民設計主題小旅行
中__民國 13 年黃家豆乾生意正式在大溪開張
下__黃日香故事館提供豆腐乳手作體驗
（圖／桃園市立大溪木藝生態博物館）

上郃是鄰里交流的據點。老闆娘 Jenny 提供美味餐點，更和遊客熱情分享她在大溪的生活，讓小鎮的故事透過日常互動自然流動。

而當地景點與街角館相互串聯，發展出各種主題式小旅行。例如，大溪文化協會規劃的「小徒弟拜師學藝之旅」，行程從福仁宮出發，先向木藝守護神巧聖先師致敬，再前往后尾巷尋找傳說中的「聰明水」——相傳這口水井能為木匠徒弟帶來智慧與巧手。

隨後，遊客可依序走訪新玉清木器學識木、刨木，前往達文西瓜藝文館尋找墨斗並解開魯班鎖，到協盛木器行體驗木工測量技巧，還能在黃日香本店親手製作豆腐乳。最後回到木博館子館——大溪歷史館與藝師館，認識匠師世代傳承的故事，完整體驗技藝與生活交織的大溪木藝文化深度。

木博館與在地居民攜手，除了經營一座「無圍牆的博物館」，也致力發展「大溪工藝生活品牌」，將文化、工藝、設計、美學、觀光與教育整合成完整的地方品牌價值鏈。為了實現這個願景，木博館持續推動一系列具體行動，包括：設計文化體驗活動，讓旅客親

大房豆干透過街角館述說豆干的故事（圖／桃園市大溪木藝生態博物館）

身參與工藝製作與文化學習；規劃文化導覽培訓，培養居民成為大溪故事的第一線解說員；開發文化商品，將工藝特色與地方故事結合，轉化為具市場價值的產品；並策劃文化節慶活動，讓文化保存與觀光產業相輔相成，吸引更多旅客深入感受大溪的文化底蘊。

文化保存與活化不僅是歷史的延續，更能成為帶動地方發展的經濟力量。透過木藝與工藝美學的再生，吸引年輕人看見產業的未來性，鼓勵他們回到大溪，投入這片土地的文化經營與產業發展，共同再造百年小鎮的新風華。

大漢溪的流水載送歲月，小鎮有人點起燈，照亮年輕匠師刻下的第一道紋路。當你走進大溪，大溪也正帶著它的過去、現在、未來，向你走來。

一年一度的「大溪工藝週」以豐富活動帶動地方產業職人投入和對外連結
（圖／桃園市立大溪木藝生態博物館）

同場加映

李騰芳古宅：歷史記憶的時光之屋

紅磚、燕尾、木門，李騰芳古宅是一座見證歷史的時光之屋。

宅院興建於清咸豐年間，是大溪李金興家族的李炳生三兄弟經商致富後，為子孫建造的公屋大厝。其中，李炳生的三子李騰芳高中舉人後，掌教大嵙崁義塾，開啟大溪文風，故這座宅邸不僅是家宅，更是地方聚會議事的重要場域。

正廳內，祖先牌位整齊排列；堂前的斗栱雕花，蘊藏著匠師的精巧手藝；廚房灶腳的煙燻痕跡，映照著昔日柴火炊煙的日常。一磚一瓦，都留下常民生活最真實的印記。

這座古宅並非孤立於歷史，而是與大溪城鎮的命運發展同頻共振。當年河港船運繁華，街市商賈雲集。日治時期，宅邸見證了地方政經變遷，也經歷了家族的興衰起落。

二〇一七年四月二十七日，李騰芳古宅委託木博館代為經營管理並開放參觀。除了保存並活化建築本身，為了拉近古宅與民眾的距離，木博館推出「大溪遊戲小學堂」，透過多元遊戲與文化導覽，讓來訪的觀眾輕鬆認識大溪的生活文化與傳統建築之美。

從私宅到公共場域，李騰芳古宅跨越了時代與身分的轉換，如今的它，不再只是李家宅邸，也屬於每一位來到大溪、願意靜下心聆聽土地故事的人。

（圖／桃園市立大溪木藝生態博物館）

街角館小旅行　聽在地人的故事

大溪目前約有三十個街角館，類型琳瑯滿目，還有體驗遊程，可選擇個人喜愛的主題，來趟街角館小旅行。由於每個街角館的開放時間不同，不少體驗遊程都需要事先預約，出發前，請務必先與館方連絡。

名稱	地址	電話
草店尾小客廳	桃園市大溪區后尾巷 22 號	03-388-0938
協盛木器	桃園市大溪區和平路 91 號	03-388-2567
黃日香本店	桃園市大溪區和平路 56 號	03-388-2055
新玉清木器	桃園市大溪區和平路 30 號	03-388-3427
達文西瓜藝文館	桃園市大溪區和平路 29 號	03-387-3089
大房豆干	桃園市大溪區中正路 46 號	03-388-3457
桃園市愛鎮協會	桃園市大溪區普濟路 58 號	03-388-5864
新南 12 文創實驗商行	桃園市大溪區中山路 12 號	03-388-4466
笑班	桃園市大溪區中山路 12 號	0952-542-021
蘭室	桃園市大溪區中山路 13 號	03-387-3711
大溪老城四季行館	桃園市大溪區中央路 37 號	03-388-1818
香桔子小客廳	桃園市大溪區登龍路 22 號	0953-730-669
桃媽田野工作室（林麗雲）	桃園市大溪區中山路 66 號	0933-328-051
成舊非凡（邱瓊淑）	桃園市大溪區中山路 34 號	03-388-9327
羨木工坊（黃裕凰）	無	0963-539-552
東和音樂體驗館	桃園市大溪區信義路 226 號	03-388-2215
柳山咖啡	桃園市大溪區大鶯路 1121 號	0913-179-812
享樂蜂蜜	桃園市大溪區大鶯路 1320 巷 108 弄 29 號	0974-091-936
香草野園	桃園市大溪區中庄下坎 20-3 號	0912-623-795
大溪一起玩劇團	桃園市大溪區仁和路二段 190 巷 29 號 2 樓	0912-080-286
神農來了風格物所	桃園市大溪區仁和路二段 190 巷 37 號	03-380-7168
陽光手作木工坊	桃園市大溪區仁和路二段 190 巷 32 弄 48 號	0911-354-663
吳榮賜雕塑工作室	桃園市大溪區埔頂路一段 340 號	03-380-3379
雙口呂文化廚房	桃園市大溪區南興路一段 277 號	03-380-2737
手土日陶製所	桃園市大溪區南興路一段 277 號（左護龍）	0914-031-203
綠善生活農場	桃園市大溪區承恩路 385 號	02-2232-5886
芸展農場	桃園市大溪區環湖路二段 389 巷 25 號	0911-203-068
在一起書店	桃園市大溪區復興路二段 776 巷 20 號	
三和木藝工作坊	桃園市大溪區康莊路三段 671 巷 36 號	03-388-1870
溪洲農村觀光推展協會	桃園市大溪區福山一路 118-1 號	0982-599-642
源古本舖 入選文化部 114 年第一屆「百大文化基地」	桃園市大溪區和平路 48 號	0922-335-581

（資料來源／桃園大溪木藝生態博物館，最新資訊請上官網查詢）

設計辦喜

Ch. 04 大溪大禧

從街頭到線上，從傳統儀式到創新表現，大溪木藝生態博物館攜手在地居民、社頭、工藝師與設計師，共同策劃跨界慶典「大溪大禧」。這場融合設計、展覽與表演藝術的盛會，不僅展現大溪深厚的文化底蘊與信仰故事，更是大溪人透過自己的聲音，讓世界看見這座小鎮的獨特魅力。

「大溪大禧」的創新設計牌樓（圖／桃園市立大溪木藝生態博物館）

「大溪大禧」的慶典文化蘊含參與、學習、體驗及復振的精神，讓慶典人文、生活與產業再現。大溪木藝生態博物館為保存、傳承以及推廣信仰文化，以博物館方法建立節慶品牌定位，以「大溪」及「大禧」兩個諧音詞帶出節慶場所與神明的生日，重新詮釋一場神與人共榮的沉浸式城市祭典，強調慶典文化在生活中的延續再現，將觀光融入慶典、深化地方交流，以大溪人每年農曆六月廿四的百年記憶打造節慶永續品牌。

守護傳統創造連結 六廿四遶境文化新篇章

當初夏的薰風拂過屋瓦，大溪人便知道，小鎮一年一度的盛典即將登場。

老街盡頭，百年普濟堂靜靜佇立。正殿中央，關聖帝君赤面金袍，雙目炯炯，見證了這座城鎮的興衰更迭。從清代的繁華、日治的變遷到戰後復甦，普濟堂不只是信仰中心，也是大溪歷史的縮影。

屬於大溪人的第二個過年「迎六廿四」
（圖／桃園市立大溪木藝生態博物館）

每年農曆六月二十四日，關聖帝君聖誕，簡稱「六廿四」。這一天，來自各行業、各個街坊的三十一個社頭齊聚，組成藝陣隊伍遶境，為神明祝壽。為期兩天的慶典，對大溪人來說，像是第二個新年，男女老少總動員，為的就是齊心協力完成這場屬於大溪人的集體儀式。

二〇二五年六月二十八日，「六廿四」前夕，「大溪大禧」熱烈開場，熱鬧自廟埕蔓延至老街，信仰結合設計交織綻放。

普濟堂前人潮聚集，隨著鑼鼓響起，踩街遊行隊伍緩緩出發。神將揹偶、舞旗隊、神龍隊並肩而行，西樂隊、公賞旗隊、女童

由壞蛋王老五樂團聯合三層新勝社飛龍團及福安國小神龍小隊共同演出
（圖／桃園市立大溪木藝生態博物館）

宮燈隊緊隨其後，復古隊伍與現代創意交錯，勾勒出屬於這座城的記憶。

而最吸睛的瞬間，莫過於搖滾樂團與大溪同義社北管樂團的跨界合作，當傳統鑼鼓遇上搖滾節奏，街頭頓時化身音樂舞台，火花四射。活動更鼓勵民眾換上民國六、七〇年代復古服飾，與老照片裝置藝術互相輝映，讓踩街成為一場時光旅行。

七月十二、十三日晚間，《想阮少年時》在普濟堂廟埕登場，專業劇團與在地居民攜手演出，將跨越三代的大溪人故事搬上舞台。那不僅是戲，更是情感的迴盪。而紀錄片《我的將軍我驕傲》則在銀幕上重現大溪將軍組裝的榮耀瞬間，讓觀眾看見一座城市如何因信仰而凝聚。

七月十七、十八日（農曆六廿三、六廿四），普濟堂關聖帝君聖誕遶境，整座大溪徹夜不眠。煙火、鑼鼓、神將、燈火，交織成一幅壯麗畫面，也為這一年的「大溪大禧」畫上完美句點。

這場六廿四走過去的，不只是神明的腳程，更是大溪人一年一次，回望自身與土地的時刻。

策展新亮點 讓節慶煥發新意

百年來，大溪人的生活與慶典緊密相連，從迎聖帝公到遶境器具、陣頭技藝，皆以口傳心授代代傳承。二〇一二年，「大溪普濟堂關聖帝君聖誕慶典」登錄桃園市無形文化資產，確立其文化價值。二〇一五年木博館開館後承接「大溪文藝季」，以六廿四遶境為核心，結合展演與教育，促成專業團隊與在地社頭合作。

以「慶典生活」為題的城市文化案例並不多，木博館只能摸索前進。為突破傳統推廣侷限，館方結合設計力詮釋六廿四文化，讓慶典跨越世代與地域，並走向國際。「大溪大禧」因此誕生，首屆確立核心原則：不介入傳統遶境兩日儀式，而以全城參與的開幕遶境揭幕，結合表演活動。

至二〇二五年，大溪大禧已邁入第七年，活動內容歷經調整與創新，逐步形成五大核心面向：

開幕踩街：當鑼鼓響起，跨社頭組成的代表性藝陣，讓老街瞬間化作一條熱鬧的信仰走廊。除了木工匠師組成的「墨斗陣」、農耕族群的「牛犁陣」、泥水匠的「土水仙童」，展現百年傳承的文化榮耀。彩旗獵獵，龍獅翻飛，北管樂聲與鞭炮齊鳴，特別設計的神將揹偶，加上孩子們創作紙箱龍、復振的女童宮燈隊等，喚回百年來老少共同參與慶典的記憶，像是歷史的回聲：十五個社頭源於日治時期，十一個擁有超過百年傳承，走過街角的每一步，都是時光留下的印記。

戲劇展演：夜幕低垂，燈火亮起，大溪的廟埕成了舞台。大溪大禧讓戲劇更貼近信仰，推出兩場走讀劇場與一齣廟埕歌舞劇，觀眾隨劇團穿梭於老街與木造店屋之間，聽一段家族的往事，看一幕信仰的重生。當北管樂聲與現代編曲交錯，當演員在廟埕上載歌載舞，信仰不再只是靜態的

復振的女童宮燈隊（圖／桃園市立大溪木藝生態博物館）

體驗一段數位童仔走步（圖／桃園市立大溪木藝生態博物館）

符號，而是躍動於燈影間的生命。

主題特展：走進「六廿四故事館」，展櫃裡的舊時宮燈與紙花，與牆上的數位影像交相輝映。今年的「香火延續六廿四」特展，讓百年遶境故事藉由微縮遶境隊伍模型說故事，加上校園慶典藝陣課程成果的展現，甚至體驗一段數位神將走步，讓傳統與科技在這座館舍中對話。

體驗活動：大溪大禧的魅力，不只在於觀看，更在於參與。「雙語慶典遶DAXI」引領旅人穿梭老街，走訪獨屬大溪的慶典文化及體驗慶典前夕的將軍藝陣夜練。最受歡迎的工作坊，包括北管體驗，擊鼓練節奏，感受傳統音律；木御守手作，木香縈繞中雕刻專屬護符。這些活動，讓參與成為一段深刻的文化記憶，將慶典熱力融入日常生活。

文創商品：一場盛會，總想留下記憶。大溪大禧多年來推出周邊商品，除了紀念毛巾、平安禮袋，每年加入限定小物，例如鑰匙圈、冰箱貼、徽章等，用商品來為信仰生活說故事，與不同在地品牌聯名，鼓勵店家結合大溪大禧標誌推出更多商品，將傳統轉化為跨界美學，讓大家帶回美好的慶典記憶。

七年來，大溪大禧不斷突破傳統框架，從遶境到劇場，從體驗到文創，將信仰轉化為生活美學，讓每一個參與者，都在鼓聲與燈影之間，找到屬於自己的文化記憶。

從廟埕到巷弄 百年慶典全員參與

隨著「大溪大禧」成為具影響力的文化品牌，活動核心不僅是城市行銷，亦強調社群共創，展現一場由大溪人共同編織的文化行動。居民、社頭、工藝師、設計師與木博館攜手，讓這場百年慶典蛻變為全齡參與、全民共襄盛舉的新世代祭典。

開幕踩街儀式中，新增六尊大型神將偶，由藝術家與大溪居民共同創作，結合在地產業意象，象徵六大行業守護神：田都元帥、西秦王爺、巧聖先師、荷葉先師、五穀先帝與火德星君。這些神偶隨隊亮相，不僅展現藝術共創力量，也象徵「百工百業、展現眾人齊心」的精神，提供創意參與機會。

主辦單位還舉辦復古扮裝工作坊，邀請居民依循老照片裝扮成宮燈隊、洋傘隊、墨斗隊與西樂隊，並號召全民盛裝上街，讓大溪人親自演繹昔日「全城慶賀關公聖誕」的熱鬧景象，將慶典真正變成一場社區共創的文化行動。

戲劇展演活動中，也處處可見在地人參與的身影。《想阮少年時》最能體現這種共創精神，參演者年齡從六歲橫跨八十八歲，有平日務農、經商或在市場擺攤的鄉親，加上社頭成員，化身劇中角色講自己的慶典故事，每個細節都充滿生

2025 大溪大禧「想阮少年時」於普濟堂廣場演出（圖／桃園市立大溪木藝生態博物館）

「雙語慶典遶 DAXI」體驗社頭夜練（圖／桃園市立大溪木藝生態博物館）

活質地。此劇共有六首訴說大溪慶典生活的原創台語歌曲，加上〈大溪故鄉的滋味〉由音樂創作者與居民共創。創作過程邀請長者與社區成員分享廟會記憶與在地風味，並透過詞曲工作坊完成，最後由在地耆老演唱，成為最具地方情感的歌曲，體現藝術與社群共創的精神。

另外，居民也積極參與戲劇走讀。《鄉味劇場》結合走讀導覽與街頭短劇，帶領觀眾邊走老街、邊看戲，並加入特色店家享用有故事的慶典美食；《河港劇場》中，有長輩在舊碼頭訴說搬運木材的往事，讓觀眾聽見記憶裡的號子聲。甚至還有人把家中老照片與古物借給劇組，做成道具或背景，讓表演更貼近歷史真實感。

在活動期間，位居各處的社頭社館、廟宇及木博館「街角館」，都藏著與信仰有關的細節：神將僮仔、旗幟繡品、藝陣木作文物，還有以遶境元素打造的藝術裝置。它們像一個個微型展場，串聯起慶典的路徑，讓遊客在走讀踩街時，隨時停下腳步，補上大溪文化的故事。對居民來說，這是與慶典共創的最佳舞台；對遊客而言，這是一場從廟埕延伸到巷弄的文化旅程。

親子共學 傳統文化向下扎根

大溪大禧也以傳統慶典為底蘊，延展成一場親子共學的文化盛宴。

歷年來，從創意大偶踩街、紙箱將軍工作坊，到小將軍聯盟的童趣英姿，再到「百納藝陣學」帶領親子體驗舞龍與將軍步拜廟，活動層層進化。近年來，還有夏令營帶孩子走進廟埕與社頭，學步伐、聽故事；透過手作工作坊，讓親子攜手製作宮燈、雕刻木御守，把祝福帶回家；更有北管課程，孩子擊鼓，父母打拍子，共同沉浸在節奏裡。此外，還有導覽走讀、市集闖關與親子繪畫比賽。不少外地父母專程帶孩子前來參加，讓這場慶典化作親子共享的時光，留在夏日記憶中。

在開幕式的遶境踩街中，七條小學生們自製的紙箱龍在老街巷弄翻飛，龍鱗閃著紙光，隊伍裡是一張張興奮的小臉。他們是「小小神龍隊」，由木博館串聯中興、田心、百吉、員樹林與福安五所國小學童，為百年慶典注入童趣與創意。這群小神龍的表演，背後有著完整的學習過程。從二〇二四年起，木博館推動校園扎根計劃，攜手在地國小，由館方結合社頭成員帶領孩子認識家鄉的慶典文化。

從一本《遶境》繪本開始，孩子在故事裡認識鑼鼓聲、神轎與熱鬧的街景，也討論信仰的意義。接著，他們動手製作平安符，把祝福握進彩筆描繪的符紙中。再往後，是設計龍珠、龍頭與龍尾的挑戰，學生用回收紙張、緞帶、廢光碟拼湊出一條條「紙箱小龍」，將環保與傳統結合在創作中。

在社頭老師的帶領下，孩子們練習舞龍步伐，第一次聽見鑼鼓節奏踩在自己腳下。終場考驗

六廿四慶典文化扎根計劃，進校推廣製作紙箱小龍。（圖／桃園市立大溪木藝生態博物館）

來臨，他們將紙龍扛上肩，昂首加入大溪大禧的開幕踩街，與旗隊、北管、威武神將並肩前行。童稚的笑容和雄壯的陣頭交織成一幅最動人的畫面：百年慶典，換上新一代的腳步，把信仰與祝福傳遞向未來。

上＿小學生自製的紙箱龍在大溪大禧開幕式中遶境
下＿「給孩子的遶境學」為小孩量身打造輕量盔甲
（圖／桃園市立大溪木藝生態博物館）

壓軸之後，這些紙箱小龍並未淡出，它們將在六廿四故事館展出，成為孩子們學習與慶典記憶最驕傲的印記。這不只是表演，更是一場文化「祝福接力」的真實寫照。

為文化重生驕傲 《神之鄉》映照信仰底蘊

來自桃園大溪的漫畫家左萱，以故鄉為靈感創作《神之鄉》，將自幼熟悉的大溪普濟堂關聖帝君聖誕遶境，畫進一格格生動的漫畫場景。二〇二一年七月，《神之鄉》改編為同名電視劇，細膩描繪地方社頭文化與人情風貌，也透過年輕世代的視角，帶領觀眾看見大溪獨特的信仰風景與文化情感風貌。

大溪，不僅擁有美麗的風景與迷人的老街，無論是《神之鄉》還是「大溪大禧」，都展現了這座百年小鎮自信仰中孕育出的深厚文化底蘊，成為傳統與當代交會的文化縮影。

在地居民重新意識到，原來那些從小見慣的遶境隊伍、街角的神將與廟埕的身影，不只是老一輩的記憶，而是專屬於這座城鎮的驕傲與寶藏。

當文化成為眾人共同守護的事，當信仰再次與每個人的生命緊緊相扣，「自己的文化，自己說、自己演、自己傳承」，這句話終於從口號成了大溪人的日常風景。

（「大溪大禧」活動資訊，請上官網或臉書粉專「大溪大禧 Daxidaxi」查詢。）

2024 大溪大禧開幕演出詮釋百工百業參與慶典（圖／桃園市立大溪木藝生態博物館）

行旅路線・三

藝文廊帶的活力：走跳桃園時尚與特色館所

桃園青埔，曾是交通轉運的中繼站，如今正轉型為融合藝術與生活的文化新城。桃園市立美術館館群，包括橫山書法藝術館、兒童美術館與即將完工的總館，形成一個以「廊道」為意象的藝術聚落，展現地方文化與國際視野的交融。

沿著機場捷運線，從 A8 藝文中心、A17 領航站的 KIRI 原住民族文創園區，到 A19 桃園體育園區站的樂天桃園棒球場，串聯出一條兼具展演、休憩與文化體驗的藝文走廊。這些據點不僅提供多元的藝術活動，也讓居民與旅客在日常中感受藝術魅力，見證青埔從交通樞紐轉化為文化聚落的精彩旅程。

（圖／桃園市立美術館）

（圖／桃園市立美術館）

Ch.05 市立美術館群

桃園市立美術館為核心，串聯橫山書法藝術館與兒童美術館，形塑一座三館聯動、各有定位的美術館群。這不單是一場建設硬體的文化投資，更是具策略性的空間布局，在日常中讓文化扎根人心，逐步在城市生活中深耕文化意識。

美術館的誕生是讓文化在城市生活中深耕扎根的策略性空間投資

青塘園原為農業灌溉埤塘，現轉型為親水生態公園。園內設有木棧道、觀景平臺與戶外劇場，融合自然與人文景觀。白色景觀橋「永恆之塔」夜間投射光束對準北極星，成為地標。荷花池與豐富生態吸引遊客駐足，是城市中的靜謐綠洲。

美術館，近年悄悄在臺灣各地成為新風景。不再侷限於臺北、臺中、高雄，這些大家早已習慣的文化重鎮，越來越多美術館在地方縣市間冒出頭來，像是某種長期失衡後的修正行動，文化資源正一步步往下流動，流向那些過去總在邊緣等待的地方。這樣的轉變，也賦予地方重新定義自身文化角色的契機。

新一波地方美術館的興起，不追求宏大規模，也不強調「包山包海」的空間想像，而是轉向主題明確、貼近土地的策展方向。桃園正是其中的典型案例。不走單一館舍模式，桃園選擇以市立美術館為核心主館，結合橫山書法藝術館與兒童美術館，形塑一座三館聯動、各具特色的美術館群。因應館群策性與受眾屬性，以城市記「藝」、國際對話、書藝研究、兒藝研究等主軸策劃展覽，為其未來發展劃出清楚版圖。

這不只是硬體建設，而是一場有遠見的文化布局，讓藝術從場館出發，逐步扎根於人群與日常。早在桃園升格直轄市之前，即有厚實的視覺藝術基礎，卻苦無一個足以容納與展現的正式平臺。當時，地方藝文展覽多仰賴文化局的一樓空間，規模有限，資源拮据，難以支撐地方藝術的茁壯。

二〇一四年桃園升格直轄市後，成為轉捩點。地方藝術界乘勢而起，積極倡議成立市立美術館。經過整合地方聲音、推動行政作業的過程，「美術館群」的布局構想逐漸成形。

館址地點有七、八個備選，選定落腳青塘園自然生態公園，穿越大片綠意與水域，民眾在進入展館前，早已在環境中完成與藝術的第一場靜默對話。

不是縮小版的美術館 而是屬於孩子的藝術世界

在規劃桃園市立美術館建築群時，基地上一大一小的兩座館舍，呈現了不同的定位：大館作為市立美術館總館，小館則規劃為專屬兒童的藝術空間，「桃園市兒童美術館」（簡稱兒美館）應運而生。

兩館由日本建築大師山本理顯與臺灣石昭永建築師事務所合作設計，以「遊樂化的展館，景觀化的建築」為概念。山丘狀的斜屋頂交錯出三角形結構，成為桃園嶄新的文化地標。設計過程中，山本理顯特別將桃園的埤塘景觀納入思考，讓建築自然融入周圍環境，毗鄰的青塘園與瑞士社區也成為美術館的一部分。他表示，桃美館是為桃園市民而設，不僅期望成為地標，更希望市民能以此為榮。

兒美館共四層，館內採純白色調與大面玻璃設計，引光入室、納景成畫，光影流動間營造出層次豐富而迷人的建築表情。建築外觀宛如小山丘般的斜屋頂上，鋪展著一條純白Z字型步道，從一樓緩緩通往三樓露臺，像一座開放的遊樂場，孩子們自由行走、自在玩耍的身影，也自然成為這

上__山丘狀的斜屋頂
下__Z 字型步道

座建築的風景之一。覆土十二公分的綠屋頂，不僅孕育四季生機，還為整體建築帶來隔熱與節能的效果。

二〇二四年四月兒美館開館，為藝術教育開啟嶄新起點。有別以往的教育模式，兒美館並不以培養小小美術家為目的，而是希望每一個孩子都能在藝術中，慢慢培養感知力、審美力與想像力。所以，館內的展覽不強求知識輸入，而是從孩子們最熟悉的生活經驗、人文故事與自然地景出發，讓藝術自然流進日常。

因此，展場不是靜態展示作品，而是一場邀請——邀請每一個走進來的小小旅人，用自己的方式閱讀世界。

從地毯上的亮片開始
藝術冒險正在展開

一大片金綠交錯的亮片地毯在展場鋪展開來，孩子們蹲下身，小心翼翼的伸出手指，翻動著地毯上的亮片。秋天的金色在指尖退去，春天的綠色隨之浮現。每一次輕輕撥動，都像是在喚醒沉睡的大地，也在光影之間鋪出一條通往新季節的小路。

此乃二〇二五年兒美館推出的春季展覽「故事從『不見的秋天』開始」，為兒美館第三屆策展徵件獲選案，由「InTW 舞影工作室」策劃，攜手「部落文化藝術團」、「陪你長大工作室」及「思樂樂劇場」共同創作，以沉浸式體驗與物件劇場兩種形式展開。一樓展場以大型故事書為舞臺，帶領孩子從原住民的四季儀式出發，感受自然與文化的脈動：翻動亮片地毯感知春天綠意、擲紙飛機模擬海祭、練習豐年祭舞步，然後從展場擺放的大小陶甕感受冬藏的氣味。二樓則轉換為物件劇場的舞臺，設置了多種情境場景與道具，孩子們可以自由的編織故事、扮演角色，讓想像力在空間中自由生長。

自開館以來，兒美館每一場展覽，都以遊戲、體驗與探索為媒介，為孩子們打開通往藝術世界的大門。兒美館打造跨領域的美感體驗與學習環境，讓不同年齡層的孩子都能自在參與，從空間活用到創造觀展體驗的設計，都以兒童的需要為出發點，正是展現了兒美館設立的初衷。

以在地文化為出發點，是兒美館策展的根本。開館首場展覽「探險未來」，圍繞容器城市、地圖城市、城市自然、移居城市四大主題，引領孩子探索青埔乃至整個桃園城市

在展場鋪展開來的亮片地毯（圖／桃園市立美術館）

打造以遊戲、體驗與探索為媒介的展覽（圖／桃園市立美術館）

的多元面貌。

展場中，繽紛的遊樂場、電子機臺與積木玩具散落在空間裡，孩子們穿梭遊戲間，編織出屬於自己的城市故事。牆面上，水藍色的流動符號與童趣插畫交織，描繪出桃園「千塘之鄉」的綿延意象。

觀展路徑中，藝術家邱杰森以《時光圖景》回應了他從小在桃林鐵路周圍生活的記憶，作品裡蒐藏著他從鐵路拆除後遺留下來的寶藏，希望藉著展示把記憶傳承下去。而另一幅作品《青埔時間行旅》則是藝術家鄧文貞以三面經過研究以及田調後縫製的織品地圖，描繪青埔的百年棲居故事。還有在寬敞的廊道空間建

兒童藝術圖書空間

造了一條彎曲的軌道，並在軌道上放上一顆球，是藝術家段存真的《城市軌跡》作品，欲邀請大家想像自己是在城市中行走穿梭的球體，喚起自己在都會空間裡移動的感性經驗。透過一幅幅的地圖城市，訴說這座城市在時光中轉變的軌跡。

另一登場的「新說小百科」特展，則以經典讀物《漢聲小百科》為主題，展出原書與手稿，邀請八組藝術家以繪畫、裝置、聲音與身體感知、互動工作坊等形式，為孩子打造一場小百科探索之旅。曾經有個家庭前來看展，父親指著展品對孩子說：「這是我們小時候讀的小百科喔。」爺爺接著補充：「那個時候，是我買給你看的啊。」簡單的對話，展現了一家三代的記憶，也彰顯這場展覽的情感價值。除了展覽，兒美館也規劃了多元活動，像是結合展覽主題的親子工作坊、提供夜間參觀體驗的「夜訪美術館」，帶來不同以往的親子美術館體驗。

在三樓，還有「兒童藝術圖書空間」，以主題分類方式取代傳統排架，提供中外經典繪本、立體書與藝術知識書籍，鼓勵現場閱覽與親子共讀。館方亦不定期舉辦書展與閱讀推廣活動，從兒童視角出發，培養閱讀興趣並拓展藝術知能。

不做高高在上的藝術殿堂，兒美館希望成為每個孩子能輕鬆親近藝術的空間，有了自在探索的起點，未來他們就能培養出理解美感與文化的能力。

從墨跡出發
橫山書法寫下當代書藝新篇章

在日常快速數位化、手寫幾近稀有的年代，書法仍以一筆一劃的節奏，提醒我們文字原初的重量。

座落於桃園埤塘水岸的橫山書法藝術館，是臺灣首座以書法為主題的公立藝術館。走進園區的那一瞬間，彷彿時間也隨之放慢。建築師潘天壹以「硯臺」與「墨池」為靈感，將公園與埤塘

橫山書法藝術館主體建築錯落如篆印的禪風設計

轉化為書法意象。主體建築錯落如篆印，採硯石灰色調，結合自然光與禪風設計，形塑書藝與自然共構的美術空間。池畔遍植芒草，形如毛筆，與書法主題相互呼應。

館名取自「橫山」這一古地名，不僅強調地緣連結，也承載了對地方歷史的尊重與延續。設館之初，團隊立下目標：打造具全國示範意義的當代書藝平臺，讓橫山書法藝術館自起步便行走於傳統與現代、地方與全球的張力之間。

二〇二一年十月開館首檔大展「飛墨橫山」，串起「溯源」、「尋新」、「對語」、「跨域」四大子題，展開書法藝術在傳統與當代之間的對話。展覽匯聚來

橫山書法藝術館是與自然共構的書藝空間

上__橫山書法藝術館開館國際書藝展「飛墨橫山」（圖／桃園市立美術館）
下__首屆橫山書藝雙年展「法與無法交織的年代」（圖／桃園市立美術館）

自中國、香港、臺灣、日本、韓國、德國、芬蘭等地的五十一位藝術家，作品涵蓋經典筆墨到跨界創新，呈現書藝的時代脈動與美學思考，也讓橫山書藝館踏出了國際書藝交流新平臺的第一步。

二〇二三年一月，舉辦首屆雙年展，邀集四十餘位來自不同國家與世代的書藝家，拓展書法在臺灣、在桃園的當代藝術語境表現，並以多元文化視野連結亞洲與全球的交流網絡。在邁向國際的同時，橫山書藝館亦不忘貼近在地的創作能量。二〇二四年推出的「流．形．書——桃源美展書篆選粹」，集結歷屆桃源美展二十位首獎得主之新作與代表作，呈現地方書藝家一路走來的變化與時代呼吸。

除了展覽策劃，館方也積極推動書法藝術研究以及臺灣書法藝術展覽。二〇二〇年創設「橫山獎」，分年輪流舉辦「橫山書藝獎」及「橫山書法研究論文獎」。其中「橫山書藝獎」為臺灣首創以「書法藝術展覽」為競賽之獎項，且為公開全提名制。而「橫山書法研究論文獎」為培植和發掘書法藝術研究人才，以提名團提名及公開徵件雙軌制並行辦理。

水墨間揮灑光影中書寫 拓展書法的感官邊界

燈光溫柔灑落，水寫布靜靜展開在展臺上。觀眾可以用手指或布條蘸水，在柔軟的畫布上書寫、描繪。隨著時間流逝，水跡緩緩蒸發，筆劃隱去，畫布回到最初的空白。每一次落筆與消逝，都不耗紙墨，讓書寫成為一場可以反覆練習、自由展演的過程。

「流．形．書——桃源美展書篆選粹」展場中的「水書」體驗。觀眾不只是靜態欣賞，也能以水代墨、臨摹書跡，與書藝家的創作進行對話。為了拉近大眾與書法藝術的距離，館方投入了不少心力。除了水書體驗，作品旁設置 QR-Code 語音導覽，掃描或加入 LINE 好友即可線上聆聽。

空間與光影的變化，也讓書法藝術有了立體的層次。二〇二三年，展出年輕藝術家汪柏成作品，以壓克力製作的「經

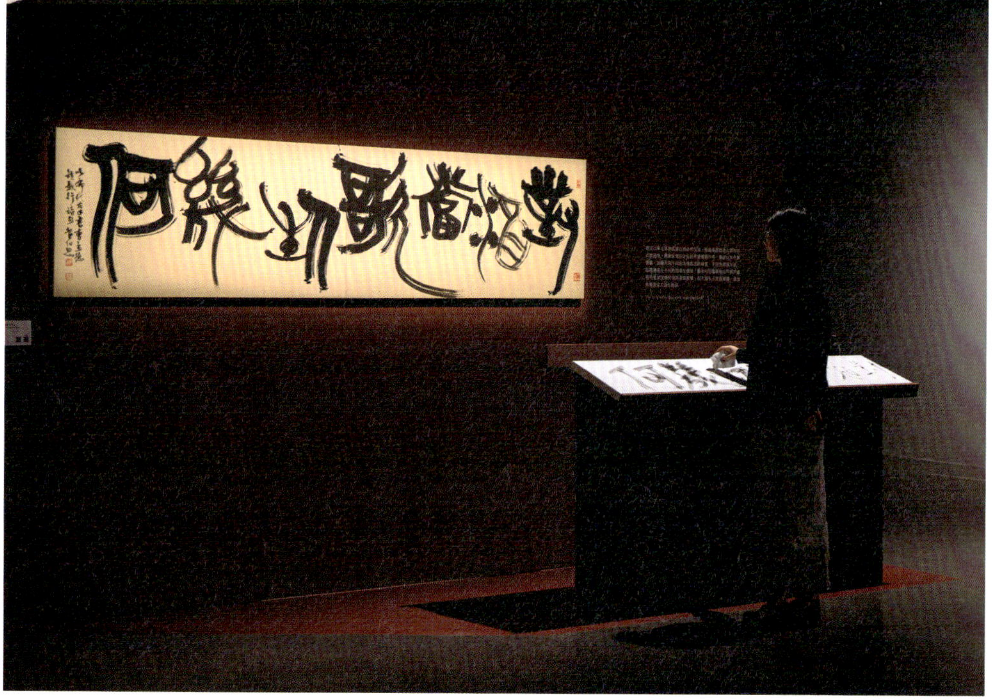

上__當下・朱振南書藝展「吉光片羽」展區
下__流・形・書：桃源美展書篆選粹展場中的「水書」體驗
（圖／桃園市立美術館）

輪」（藏傳佛教法器）為媒材，將〈心經〉雕刻於其上，燈光自底部打起，牆面投射出鏡像文字，五座經輪同步旋轉，文字交錯、消隱，在流動光影中展現獨特的節奏與美感。

二〇二五年，書藝大師朱振南個展登場。其中一區展場設置了鏡廳，牆面覆滿撕碎的書法稿件，飛舞的墨跡在鏡面中交錯映現。步入其中，彷彿走進書法創作最純粹、最剎那的瞬間。為了打破書法藝術侷限於室內空間的印象，館方還推出「書寫風景——橫山書法藝術館戶外燈光藝術展」。清水模壁面成為新的書寫載體，筆墨、詩詞與篆刻元素透過燈光與投影重新展演。夜色中，詩句與墨跡緩緩浮動於牆，觀眾的腳步聲、呼吸聲，也成了這場沉浸式書藝夜景的一部分。

從策展概念到執行細節處理，橫山書藝呈現的內容細膩而專業。館內有多位同仁本身就是書法高手，憑藉著深厚的素養與用心，讓橫山不僅延續傳統，更勇於在傳統與當代之間開拓新的可能。作為台灣書藝的專業展出場域，橫山書藝承接了將書法文化推向國際、讓臺灣書藝的光芒被更多人看見的使命。

桃園市立美術館總館開館倒數正式登場

隨著橫山書藝館、兒美館陸續開館，桃園市立美術館群的總館也正如火如荼的趕工，預計將於二〇二八年初正式對外開放。館方人員每週固定時間前往工地現場，跟著建設團隊確認進度，並思考未來空間的運作方式。相較於其他縣市美術館的樓板面積大多在六、七千坪，桃園市立美術館群光是總館主體便達一萬兩千坪。如此廣大的空間，從設施設計到展覽動線，都必須謹慎推敲，才能在開館後提供觀眾最佳的藝術體驗。

對於桃園市立美術館的策展方向，可用「城市記『藝』、國際對話、書藝研究、兒藝研究」來勾勒。美術館不只是展示作品，更要從城市的紋理中提取文化脈絡，那些來自這裡、發生在這裡，或將在這裡發酵的事，都值得被好好處理。這不只是策展觀點，更是一種態度：從地方出發，連結世界視野，透過藝術開啟與國際對話，讓桃園在國際舞臺上說出自己的語言。

桃園的藝術風景，是一群人默默耕耘出來的。那些藝術家前輩不只專注創作，更把傳承放在心上，免費教畫、指點學生作品、走進偏鄉陪孩子畫畫。這樣以耕耘與傳承為根本使命的藝術環境，讓桃園累積出藝術社群與文化能量。延續這股精神，持續探索具有國際共鳴，但又緊扣桃園地方特色的議題，成為匯集在地能量，連結國際視野的文化平臺，正是桃園美術館群的定位。

當桃園清晰了自己的樣貌，與世界的對話才有立足點。這不是藝術的輸出，而是文化的分享；不是跟隨，而是站穩，說出這座城市自己的故事。

市立美術館群

桃園市立美術館

連絡電話	(03)286-8668
官方網站	tmofa.tycg.gov.tw

桃園市兒童美術館

連絡電話	(03)286-8668
位置資訊	桃園市中壢區高鐵南路二段 90 號
開放時間	09:30 ～ 17:00（週二休館）
Facebook	桃園市兒童美術館

其他資訊

門票可至線上購票

定時導覽於每週六、日 15:00，無須事先預約。團體預約導覽於平日上午時段 09:40 ～ 12:00，下午時段 13:30 ～ 16:30，同一時段最多兩團，每團為 10 至 40 人，請於參觀日前 10 個工作天至官網「預約申請」。

橫山書法藝術館

連絡電話	(03)287-6176
位置資訊	桃園市大園區大仁路 100 號
開放時間	09:30 ～ 17:00（週二休館）
Facebook	橫山書法藝術館 Hengshan Calligraphy Art Center

其他資訊

門票可至線上購票

定時導覽於每日 11:00、15:00，無須事先預約。團體預約導覽於每日 10:00、14:00，每團為 10 至 45 人，請於參觀日前 10 個工作天至官網「預約申請」。

同場加映

創價美術館桃園館：從社區出發，讓藝術成為日常

由臺灣創價學會創立的十二座美術館，遍布全臺各地，長年深耕藝文領域。在桃園青埔的藝文地景中，創價美術館桃園館以其深耕文化教育的使命，綻放著藝術的光芒。二〇〇三年啟動「文化尋根——建構臺灣美術百年史」計劃，邀集王秀雄、林柏亭等藝術顧問，投入臺灣本土藝術史的梳理與推廣。

這不只是一場為內部而辦的文化行動，而是一場開放而專業的策展實驗。創價美術館與在地藝術家合作策展、出版畫冊、拍攝啟蒙影片，將藝術帶入社區、學校與日常場域，至今已累積展出近一百六十位藝術家，成為文化平權的具體實踐。

在這張藝術網絡背後，是一支由三千多位志工組成的堅強工作團隊。他們來自各行各業，假日投入策展、導覽、燈光與研究等工作，透過系統化訓練，讓每場展覽不僅可看，更可參與，成為一場知識與對話的共創現場。

從橫山書法藝術館出發，步行約十分鐘，即可抵達創價美術館桃園館。現場可近距離欣賞本土藝術家的作品，並有熱心志工提供詳盡導覽，讓觀展成為一段溫暖且知識豐富的文化旅程。

地址 | 桃園市大園區高鐵北路二段 140 號 7 樓

開館 | 09:30 ～ 17:00（免費參觀，週一休館）

官網 | www.sokaculture.org.tw

延伸視角

桃園機捷藝文據點攻略
探訪青埔的文化聚落轉化之旅

桃園青埔，不再只是地圖上的中繼地帶。這座從稻田間崛起的新城，如今已悄然轉身，成為串連交通、文化與生活的現代舞臺。位於中壢與大園之間，青埔擁有近四百九十公頃廣闊腹地，自二〇〇六年高鐵通車以來，節奏開始轉變；二〇一七年機場捷運的開通，更讓這裡從通往遠方的中轉點，進化為通勤、回家、旅行的交會地標。

高鐵、機捷雙軸運行，從A17到A19，短短十九分鐘便能直抵臺北。往南是高鐵站接軌中南部，往北是捷運直通機場與首都，青埔就這樣成為串連島嶼節點的心臟。桃園機捷不單是通勤動線，更像一條隱藏版的文化走廊。從A8的展覽空間、A17的原民園區與戶外劇場，到A19的全民球場，每站都是一場與生活、美感和地方文化的相遇。

這條路線動靜皆宜，有熱鬧，也有緩慢。若你正在尋找一趟搭捷運就能展開的藝文小旅行，不妨從A8藝文中心出發，讓城市風景與文化驚喜，一站一站的展開在眼前。

A8 長庚醫院站
A8 藝文中心

在捷運大樓的三樓轉角，有一處讓人意想不到的藝文基地——A8

龜山區的藝術文化新據點

藝文中心。它位於桃園機場捷運A8長庚醫院站與環球購物中心共構大樓中，是全臺唯一設於捷運線上的藝文空間。便利的交通、日常的生活流動，讓藝術不再高高在上，而是像日常三餐一樣，自然的出現在人們身邊。

自二〇一七年開幕以來，A8藝文中心始終保持一種「世界在這裡發聲」的策展姿態。二〇二〇年以「世界音樂」為主軸的系列展覽，每年邀請不同國家的駐臺單位合作，從聽見愛爾蘭、印尼的聲響交織、非洲非常樂到巴西搖擺、韓音浪潮，一次次把世界的聲音帶到捷運線上，也讓在地創作者有機會與國際交流。

此外，A8藝文中心也沒有忘記自己所扎根的土地，陸續推出「龜山疑雲？解密大作戰」、「不簡單小故事——A8方圓間的生活誌」、「龜山風土神獸嬉遊記」等展覽，從地方記憶與風土傳說出發，以創意策展喚起民眾對在地文化的關注與情感連結。

A8藝文中心既是展覽空間，也扮演著城市文化流動的轉運角色。它接收世界訊號也向下扎根，讓藝術不只是看，而是生活中的一部分；就在你搭捷運的途中、買咖啡的拐角。你不知道會遇見什麼，但總有驚喜在等你。

A17 領航站
KIRI 國際原住民族文創園區

KIRI國際原住民族文創園區由原民會推動，配合「產業創新價值計劃」設立，基地位於桃園青埔特區，鄰近桃園機場、高鐵及機捷A17站，地上四層、地下兩層，於二〇二四年正式營運。

KIRI在泰雅語中意指「背簍」，象徵原住民族承載日常與收穫的智慧。園區以產業育成、扶植與推廣為目標，串聯產官學界與社會大眾，推動原民經濟實踐與文化傳承。作為原民交流的平臺，透過音樂、藝術、飲食與工作坊等形式，讓部落文化跨域交會、走向國際，與更多人真實相遇。

以原民文化為基底，想像並創造生活的各種樣態。

園區座落於青埔藝文聚落核心，鄰近陽光劇場、書法公園、華泰名品城等景點，串聯出旅人漫步其間的文化路徑。建築汲取臺灣原住民族文化的脈動，以山林的層疊、農耕的節奏、海洋的氣息編織空間的語彙。天光自挑空中庭與天窗灑落，映照石板、竹紋與窯燒磚交織出的肌理，如同步入一座靜謐的山林。

整體採開放式街區設計，出入口交錯流動，模糊界線的同時，也讓建築自然的向社區敞開。這座園區，展現的是一種與土地共生、與城市共鳴的文化姿態。商店空間依文創、潮流、美食與生活四大主軸規劃，並設有「南島特色選品店」，精選原民手作與特色商品，活絡在地藝文風景，也讓文化記憶成為旅途中可帶走的禮物。

A17 領航站
桃園陽光劇場

二〇二一年十二月啟用，桃園陽光劇場是全臺首座國家級流行音樂戶外場地，選址於桃園市青埔特區，緊鄰機場捷運A17領航站，交通十分便利。

陽光劇場處處可見原民設計巧思，從地磚圖騰、公設指標到草丘上的小米燈光裝置，皆融入文化意象。場域同時也是文化科技示範基地，推動轉播與虛擬攝影棚應用，結合可容納逾一萬五千人的空間與交通優勢，攜手國際卡司舉辦演唱會，帶動桃園觀光與展演產業，讓臺灣音樂走向國際。

全戶外專業級活動場地

與文化舞臺連結的超人氣球場

陽光劇場採開放式舞臺設計，展演團體可彈性運用空間，並設有地下準備區，配備休息、更衣、化妝與衛浴設備，表演者可由電梯直達舞臺。觀眾區則以緩坡草皮規劃，無須提前卡位也能享有清晰視野，提升整體觀演體驗。針對戶外演出常見的人流擁擠問題，陽光劇場以使用者為本，規劃十米寬步道、六個出入口與地下停車場，有效提升觀眾進出效率，解決大型活動動線不順的困擾。

除音樂會、演唱會等藝文演出外，也適合野餐、戶外電影與文創市集等大型活動。陽光劇場的誕生，標誌著亞洲流行音樂版圖的擴張，也突顯了桃園文化實力的匯聚。

A19 桃園體育園區站
樂天桃園棒球場

在桃園，有一個地方讓人想大聲吶喊。不是夜市，也不是Live House，而是一座一年四季都沸騰著的球場——樂天桃園棒球場。自二〇〇九年啟用（原名桃園國際棒球場）以來，從中華職棒的賽事現場，到演唱會與主題活動的舉辦地，這座球場已然化為城市回憶的集散地。近年例行賽觀賽人次年年破四十萬，讓它穩坐「超人氣球場」之名。

場館佔地約四公頃，設有地上三層、地下一層，最多可容納兩萬名觀眾。無論是搖滾氣氛滿點的「Rock Seat」看臺，或適合朋友包場同樂的 VIP Suite 包廂，甚至能邊吃火鍋邊看球的露天餐區「桃猿快樂炒」，每一種觀賽方式都各具魅力。

球場就位在機場捷運 A19 桃園體育園區站旁，交通超便利。周邊還有籃球場、青埔棒球場、市立美術館與大型商場，整個園區就像一座運動與生活的微型城市。此外，這裡也成為國內外演唱會的新寵。五月天、滅火器、BTS、槍與玫瑰等重量級藝人都曾在此開唱，讓這座球場在掌聲與吶喊之間，完成從體育場地到文化舞臺的華麗轉身。

i

A8 藝文中心

連絡電話	(03)318-5119
位置資訊	桃園市龜山區復興一路 8 號 3 樓
開放時間	11:00 ～ 19:00（週一及國定假日休館）
官方網站	www.a8artcenter.com.tw
Facebook	A8 藝文中心

其他資訊

免費參觀，每月活動行事曆請參考官網資訊。

KIRI 國際原住民族文創園區

連絡電話	(03)287-7712
位置資訊	桃園市大園區大成路二段 100 號
開放時間	10:00 ～ 18:00
官方網站	communityspace.com.tw

其他資訊

部分商家營業時間可能有所不同，請參考官網資訊。

桃園陽光劇場

連絡電話	(03)287-3185
位置資訊	桃園市大園區領航北路四段 216 號
開放時間	視活動時間開放，請參考官網資訊
官方網站	tysa.com.tw

樂天桃園棒球場

連絡電話	(03)425-0927
位置資訊	桃園市中壢區領航北路一段 1 號
開放時間	視活動時間開放，請參考官網資訊
官方網站	monkeys.rakuten.com.tw

行旅路線・四

老眷村的再生路徑：
從聚落記憶到創意基地

在城市發展與文化記憶的交界處，老眷村正以嶄新姿態重新進入公共視野。從中壢區的馬祖新村、大溪區的太武新村，到龜山區的憲光二村，三處原本靜止於歷史縫隙中的軍眷聚落，如今透過跨域合作與文化轉譯，轉化為兼具創意、公共性與生活感的聚落場域。這不只是硬體修復的空間再利用，更是一場關於認同、記憶與地方價值的再生實驗。

當眷村文化不再只是懷舊符碼，而成為當代表達的素材與生活實踐的基地，「老眷村新風貌」不僅喚起跨世代共鳴，也成為城市更新與文化政策的關鍵樣本。在這場由下而上的轉型中，民間力量、藝術創作與社群參與扮演關鍵角色，形塑出眷村再生的多元路徑，也為臺灣的聚落文化帶來更多可能。

龜山眷村故事館
憲光二村眷村文化園區
桃園火車站
內壢火車站
八德區
中壢區
馬祖新村眷村文創園區
中壢車站
楊梅區
異域故事館
中壢光影電影館
太武新村眷村文化園區
桃園市
新北市
龍潭區
31
112
113
1
2
114
66
113甲
3
4

文化保存區

Ch.06

馬祖新村眷村文創園區

馬祖新村，不在馬祖，而在桃園龍岡。當年村裡將、校、尉官雲集，屋脊上的星形瓦當隨處可見，星星滿天飛，也讓它有了「桃園將軍村」的名號。如今村落轉型為文創園區，故事館、藝廊、書房與電影館錯落其間，文創小店與民宿進駐，繼續與在地民眾對話。

馬祖新村是全國第二個以「文化資產保存法」保存的眷村

風從海上吹過來，帶著鹹鹹的氣味與未竟的戰事餘溫。馬祖島上，軍容整肅，軍靴聲在石板路上響起。

一九五五年，風高浪急的一年。蔣中正親赴馬祖巡視，目光所及，是一群為守護國土而離家背井的軍人。他們的妻兒，散落在臺灣的學校、牛棚、寺廟、廠庫等臨時棲所，如浮萍般無根漂泊。時任陸軍第八十四師師長、也是馬祖防衛指揮部指揮官的華心權上校，在這場視察中走上前，語氣沉靜卻堅定。他說，這些為國而戰的弟兄，是否也能在臺灣擁有一處真正的家？

這番話，沒有被遺忘。歷經輾轉，那聲請託抵達婦聯會，蔣宋美齡執筆批示，撥款、協調、奔走於數個部門之間。一九五七年，在桃園龍岡的一片舊茶園上，磚瓦起落之間，一座新的村落緩緩誕生。最初，這座眷村興建一百三十戶，隨著軍隊調動與眷屬遷入，歷經兩次增建，逐步擴充至二百一十戶。命名為「馬祖新村」，不只是為了記住那群來自海上的軍人，更像是一場無聲的承諾——讓漂泊的心，有了可歸之處。

星星滿天飛
桃園將軍村的前世今生

華心權，陝西人，是馬祖守備區指揮部首任指揮官，也是少數非軍校出身、卻能一步一腳印晉升為星級的將領。他曾赴美進修，國際經驗拓寬了他的視野，奉命興建馬祖新村時，他沒有照搬當時眷村常見的棋盤式格局，

1957 年馬祖新村誕生

而是提出一套更開放、具層次感的空間規劃。整座村落以「悅心亭」為圓心，放射狀展開，房舍由內而外鋪陳：最中心是供將官居住的甲型眷舍，依序向外是乙型、丙型，最外圈則是丁型房屋。這樣的配置不只是實用，也體現軍中嚴謹的階級制度，讓空間本身成為紀律與秩序的延伸。

不像許多早期眷村以竹編夾泥或其他簡易建材搭建，馬祖新村從一開始便導入當時少見的「美式花園住宅」概念：紅磚牆、灰屋瓦、紅白木門、蘋果綠窗框，房子外觀很一致，顏色活潑卻不張揚。屋頂上若出現「星形瓦當」，象徵屋主為校級以上軍官。村內將、校、尉官雲集，星形瓦當隨處可見，也讓這裡被形容為星星滿天飛的「桃園將軍村」，是這座眷村最鮮明的特色之一。

每戶人家皆有前後院，房舍間距寬敞，街道至少三米寬，整個村子呈現出一種低密度、開闊而不擁擠的生活節奏。對剛落腳的家庭來說，這樣的空間設計不只是實用，也展現了對新生活的體貼，因為它為生活預留了餘地，讓鄰里間多了來往、與自然共處

顏色活潑的蘋果綠窗框

全村重要地標：悅心亭

屋簷最前端的圓形瓦片「星形瓦當」

的可能。

作為全村重要地標的悅心亭，原是座木造涼亭，一九八七年由居民集資改建為今日結構更堅固的八角水泥石柱亭。亭內天花板上彩繪八仙過海，有祈求風調雨順、納福迎祥之意，也象徵著馬祖新村居民從他鄉遷徙來臺、落地生根的經歷。悅心亭不只是地標，更是村裡重要的公共空間。在這裡，大人們納涼聊天，孩子們追逐玩耍，是日常聚集的所在，慢慢交織社區的地方。

華心權將軍當年的規劃極具遠見。村子的整體動線設計強調對外開放、對內有序，每戶皆朝向街道，不設巷底戶，讓鄰里間多了自然碰面的機會，無形中促進了日常互動。除了眷舍本身，升旗臺、公園、幼稚園、活動中心等公共設施完善，布局有致，動線清楚，構成生活氛圍溫暖的軍眷社區。你很難想像，將近七十年前，就已經出現這麼成熟的社區規劃。

和多數眷村一樣，馬祖新村隨著人口成長，村內空間不敷使用，許多住戶自行擴建，不是增建樓層，就是向旁邊空地延伸。軍階較低的眷舍格局簡單，有時甚至幾戶共用一間廁所，洗澡就在廚房裡進行。當時村裡的男孩頑皮，晚上某戶廚房燈沒亮，就猜裡頭有人在洗澡，便丟石子惡作劇，嚇得屋裡的女生驚叫連連，媽媽們一聽到動靜就衝出來大聲追罵。久而久之，有女兒的人家紛紛將原本的矮圍牆加高。

如今眷村留下的，不只是房子，而是生活的痕跡。每一面牆、每一次擴建，都是歲月推移下的回應，日子改出來的形狀。

不只是懷舊 眷村，也在開創未來

一九九〇年代起，眷改政策推動，臺灣許多眷村走入歷史，或被拆除，或重建。馬祖新村於二〇〇四年完成遷村，原住戶搬進中壢的陸光五村國宅，原址則被登錄為歷史建築，是繼臺北四四南村，成為全國第二個以「文化資產保存法」保存的眷村。二〇一二年三月，國防部將馬祖新村列為全國十三處「國軍老舊眷村文化保存區」之一，也是桃園唯一入選的場域。隨著桃園市政府的投入與規劃，這座村落逐步轉型為眷村文創園區，並於二〇一八年四月正式對外開放，歲月曾經駐足的地方，如今正綻放新的活力。

二十號眷舍，過去是徐培清將軍與夫人蔣明玉的家。蔣明玉是馬祖新村幼稚園創辦人之一，也熱心參與社區事務。她曾主動聯繫代工工廠，將家庭代工引進村內，為軍眷家庭創造穩定收入來

馬祖新村轉型為眷村文創園區（圖／桃園市政府文化局）

上左__馬祖新村故事館內重現早期眷村生活
上右__ 20 號眷舍，如今成為「馬祖新村故事館」。
下__馬祖新村幼稚園後轉型為「馬幼藝所」

十一號眷舍「眷村書房」

源，是推動村裡生計與發展的重要推手。

原本僅有二十多坪的甲型眷舍，後來擴建至一百多坪，如今成為「馬祖新村故事館」。館內以多個主題重現早期眷村生活，廚房、客廳、起居空間逐一復刻，並展出居民捐贈的老物件與照片。最動人之處，仍是住戶親身經歷的分享，那些逝去的時光，其實都還記得。

馬祖新村不只是記憶的容器，也成為創造未來的舞臺。眷舍一至三號轉型為「馬村實驗藝廊」，展出詮釋眷村文化的實驗藝術；十一號則化身為「眷村書房」，收藏與眷村相關的書籍與文獻；原幼兒園轉型為「馬幼藝所」，結合親子館推動兒童美感教育；原活動中心則改為「中壢光影電影館」，以影像與地方展開對話。這些空間各具特色，卻有共同的方向——讓眷村文化不只是停留在懷舊，還在開創未來。

中壢光影電影館

上__森林系花藝咖啡廳「花香氣」
下__以眷村菜為靈感的「村村」

園區目前約二十家店家進駐，業態多元，從冰品小鋪、文創選物、編織工坊，到複合式咖啡廳、眷村味十足的食堂、親子故事屋等，提供豐富的五感體驗。

比方說，進駐四號眷舍的「Orlax 花香氣」，是結合花藝、香氛、輕食與手作體驗的特色店鋪，以植物為靈感，傳遞大自然的療癒氣息。屋外綠意環繞，屋內瀰漫著淡淡花香與精油香氣，舒適的座位與和室空間，是放鬆身心的理想去處。

花草入菜的料理、果汁與甜點，讓人可以一邊品嚐美食，一邊沉浸在自然的香氣中。店內也販售精油與芳療產品，讓療癒延續至日常。

四十四號的「達令大林創意冰品」，延續老字號「大林冰店」精神，主打天然手工冰棒，無添加香精、色素與增甜劑，糖量也刻意減少，保留食材原味。

店名取自英文「Darling」，象徵對顧客的用心與親切。冰品口味多元，並不定期舉辦手作冰棒課程，寓教於樂。店內保留懷舊老宅風格，搭配庭院與座位區，是夏日散步的療癒中繼站。

四十五號的「樂桃陶」由陶藝老師親自經營，店內設有陶藝教室，提供陶瓷貼花到寶寶手腳拓印等多樣化課程。不論是親子同遊，或是三五好友相約體驗，來到這裡都能親手製作一件專屬陶作，留下一段屬於馬祖新村的創作記憶。

除了手作溫度，這裡的柴燒美食同樣驚豔味蕾。每日限量的「馬村餅」與「馬肉餅」，使用龍眼木高溫窯烤而成，餅皮酥香、內餡飽滿，搭配店家特調的「馬奶」（堅果奶茶）與「馬啡」（眷村風味咖啡），讓人邊吃邊感受舊時生活的滋味。

園區內也有特色眷村民宿，共八間房二十四床，可依人數包一棟或雙棟，也可單房住宿，每棟都擁有專屬庭院、客廳與廚房。夜裡無人打擾，白天推窗見光，民宿內紅磚牆、綠窗框、老式家具，舊時光就這樣靜靜浮現。

園區的人潮多半出現在週末假日，平日時光顯得格外靜謐。當年建村規劃的前後庭院，特別種下的榕樹、欒樹、苦楝、構樹、芒果、玉蘭、桑葚與相思木，如

穿越時光的包棟民宿，裝潢融合舊式復古磁磚與現代文藝簡約風格，讓旅客在懷舊氛圍中享受現代化的舒適感。（圖／桃園市政府文化局）

今枝葉蔥鬱、蔚然成蔭。樹梢間常見紅嘴黑鶇、五色鳥來回穿梭鳴叫。

另外，園區裡的芒果樹可能是早年住戶用牛奶罐種下種子，栽在自家院子裡，幾十年下來長成參天果樹，現在仍年年開花結果。這些果樹，是眷村生命力留下來的見證。

從家到文化 眷村的永續風景

當年華心權將軍著手規劃馬祖新村時，想的從不是一處臨時的過渡軍眷宿舍而是一個真正能讓家庭安身立命、社群安穩成長的生活社區。從放射狀的動線到前後庭院的設計，他為眷戶留下的不只是居所，更是一種有尊嚴、有延續性的生活方式。

　如今的馬祖新村，雖已蛻變為文創園區，仍延續著初衷，將「永續共好」視為目標，讓文化、記憶與人情，在這片土地上長久流動，是這座園區最珍貴的價值所在。

　文化的保存，不只是留下建築，更是讓人能夠回來、讓故事繼續發生、讓參與自然展開。馬祖新村正一步步走在這條路上，踏實而堅定。

象徵眷村生命力的大芒果樹

馬祖新村眷村文創園區

連絡電話	(03)284-1866
位置資訊	桃園市中壢區龍吉二街 155 號
開放時間	09:00 ～ 18:00（週一休園，遇國定假日照常開放，翌日休園）
官方網站	matsu.tycc.gov.tw
Facebook	馬祖新村眷村文創園區

其他資訊

免費參觀，戶外空間開放至晚上 21:00。

提供 20 人以上的團體導覽服務，需於 14 日前申請。

馬祖新村藏寶圖

展館空間介紹

1-3 號｜馬村實驗藝廊	展覽眷村相關主題的藝術創作與策展作品，呈現當代藝術觀點。
7-2 號｜馬村創作工房	辦理文創、影視等教育推廣課程及活動的空間。
11 號｜眷村書房	提供眷村主題書籍，亦舉辦文化講座、讀書會，是認識眷村歷史的知識基地。
20 號｜馬祖新村故事館	以人物故事為主軸，重現馬祖新村的歷史背景與生活場景，呈現時代記憶。

進駐文創品牌

4 號｜ Orlax 花香氛	森林系花藝咖啡廳，結合芳療、咖啡與甜點，打造五感放鬆體驗。
6 號｜ furry furry 毛來了	貓咪陪伴、美食相伴，是放鬆療癒的絕佳選擇，毛孩也能共餐。
8 號｜馬優 8 號	馬祖選品、好食、教育、風情、文化相關商品販售。
10 號｜桃印文創 & 遊客服務中心	販售在地文創與懷舊美食，結合藝術、童玩與眷村風情，體驗最道地的桃園風味。
37 號｜村村	以眷村家常菜為靈感，用一道道料理喚起記憶中的家鄉味與溫度。
39 號｜花間茶影	嚴選臺灣好茶與咖啡，搭配輕食點心，在花香茶韻中享受片刻寧靜。
42 號｜綿綿	量身訂製服裝與旗袍體驗，也提供縫紉課程與工作坊，感受布料與工藝的溫度。
42-1 號｜郭老爺山東水餃	手工包製、原汁原味的眷村餃子，用一口味道連結家的記憶。
43 號｜調香木屋	融合香氛、木作與咖啡的選物空間，打造生活中的溫柔氣味與質感風景。
44 號｜達令大林創意冰品	天然手作冰品與親子課程，冬天還有人氣燒豆干，吃出健康與創意！
45 號｜樂桃陶	陶藝體驗與柴燒美食，感受雙手創作的溫度與眷村風味的結合。
48 號｜森合舍 & 宝工坊皮彫工作室	提供皮雕、木工、拼布工藝體驗，也販售客家金門眷村點心及傳統美食。
49 號｜村村譯旅	透過風格選物、旗袍寫真與文化體驗，詮釋眷村文化的新樣貌。
50、51 號｜馬村隱園民宿	保留老屋風貌的兩人與四人房，懷舊中感受靜謐人情，是深度慢遊的理想據點。

（各店家營業時間不同，部分體驗需事先預約，最新進駐資訊請上官網或臉書粉專查詢。）

同場加映

中壢光影電影館：在影像與眷村空間

中壢光影電影館，前身為社區活動中心，如今轉化為結合歷史場域與當代影像美學的小型放映空間。館內保留舊時眷村的空間紋理與記憶痕跡，同時融入現代簡約的設計語彙，讓觀影成為一場穿越時光的體驗。走廊與展示區不定期呈現與選片主題呼應的展覽，串聯地方記憶與電影文本，也為等候入場的片刻，增添一份靜謐的閱讀與沉思。

影廳設於二樓，僅七十五個座位，規模不大。木質牆面、柔和光線與恰到好處的距離感，使這裡不僅是看電影的場所，更像是與影像共呼吸的所在。中壢光影電影館也是桃園電影節的放映場地之一，選映多為具人文質地、歷史深度或地方關聯的作品，並常搭配映後座談與導讀、影式教育工作坊，鼓勵觀眾從影像延伸出思考與對話。

這裡不賣爆米花、不追流行，也沒有絢麗的巨幕，卻以低限度的空間語言，承接了高密度的情感記憶。

（圖／桃園市政府文化局）

地址｜桃園市中壢區龍清街 116 巷 31 號

開館｜13:00 ～ 21:00（週一休館）　**官網**｜taoyuan.arts-cinema.com

同場加映

異域故事館：那些未竟的歸鄉，讓記憶有處安放

在桃園平鎮的忠貞新村，有一座靜靜佇立的建築，它不高，也不張揚，卻承載著一段離散與堅韌交織的歷史記憶——異域故事館。

創辦人王根深出生於緬甸華人家庭，年輕時投身雲南泰緬邊境的游擊戰，後隨國民政府來臺，定居忠貞新村。退伍後，他在忠貞市場創立「阿美米干」，以滇緬家鄉味闖出名號。事業有成後，便自籌經費興建異域故事館，只為保留異域孤軍的歷史記憶，讓這段悲壯歲月不被遺忘。

二〇二二年三月正式開館，異域故事館的建築揉合東南亞佛寺的元素，屋頂尖聳如掌心向天，仿若祈禱，也似記憶中的故鄉屋瓦。門前孔雀圖騰張開羽翅，象徵著他們曾在佛寺中尋得片刻庇護。異域故事館透過五大主題展區：亂、靜、迷、回、容，生動呈現異域孤軍的歷史與情感。

亂——動亂的年代：此展區再現戰爭前線的緊張氛圍，展示孤軍在金三角地區使用的武器裝備與情報作戰器材，如電報機、間諜相機，以及特殊貿易商隊「馬幫」的相關物品。地板鑲嵌的子彈殼、牆上懸掛的槍枝，共同營造出槍林彈雨的戰場情境。

靜——生離死別：透過一座小女孩蹲坐在大石上哭泣的金屬雕塑，呈現戰爭帶來的創傷與離散之痛。展區以留白方式，讓觀者沉澱思緒，感受戰爭中被犧牲者的無聲吶喊。

迷——迷幻不安：聚焦金三角的罌粟花種植與鴉片交易，展示了罌粟花的相關知識、吸食工具，以及當地少數民族的生活用品。互動裝置邀請觀眾寫下對和平的祈願，在大螢幕綻放象徵和平的罌粟花，讓人反思戰爭與毒品的糾結關係。

回——回首來時路：透過結合老照片與文字的時光隧道，敘述孤軍從奮戰到撤退來臺的歷程。「我是誰？」的牆上字樣提問，道出漂泊他鄉多年，對自身身分認同的迷惘與鄉愁。

容——融合與包容：最後的展區呈現孤軍及其眷屬在臺灣落地生根的故事，美食、舞蹈與風俗等文化元素，如何逐漸融入本地生活，成為多元文化的一部分，也映照出臺灣對異域孤軍的接納與涵容。

透過這五大主題展區，異域故事

館完整呈現異域孤軍的歷史脈絡，使參觀者深刻體會戰爭的殘酷與和平的珍貴，亦讓記憶有處棲身的場所。

走出展館，忠貞新村的街道也自成一幅生活的風景——米干的湯煙、破酥包的香氣、雲南椒麻的微辣，彷彿短暫帶你走進另一個國度。歷史不再只是教科書裡的定義，而是一碗熱湯、一句方言，一段關於離鄉、關於歸屬的故事。走一趟異域故事館，不只是為了理解一段被時代吹散的記憶，而是為了在繁忙日常之外，尋回某種關於人與土地、家國與命運的深刻連結。那裡，是記憶的歸宿，也是歷史沉靜但不曾消失的心跳聲。

（圖／桃園市財團法人金三角文化基金會）

地址 | 桃園市平鎮區中山路 70 號

開館 |10:00 ～ 17:00（週一休館）

官網 | tinybot.cc（採線上預約，免費參觀）

藝術入村

Ch.07

太武新村眷村文化園區

太武新村源於八二三砲戰後的軍方興建計劃，它原為外省高階軍官眷舍，後融入多元族群，展現文化融合與空間變化。修復強調現況保存，保留生活痕跡；園區啟用後，推動藝術駐村與藝術季，轉型為結合歷史與當代的文化聚落。

落成至今逾六十載的太武新村

二〇一七年，修復團隊踏進太武新村，迎面而來的是一排排斑駁老屋。紅磚牆面斑駁、窗框斷裂、天花板布滿裂痕，有的屋簷長了青苔，有的地板早已塌陷。他們知道，這些房子雖然還站著，但身上已刻滿歲月的痕跡。

團隊從最基礎的工作著手，為每一幢建物編碼，從A幢到G幢，一間一間進入調查。畫圖、拍照、記錄，像在為年邁的長者進行一場細緻的健康檢查。他們量出每一道牆的傾斜角度，摸過每一片剝落的水泥粉光，記下每一扇門窗的殘破情況，也注意到庭院因樹根盤錯而隆起的地面，走起路來有些顛簸。完成損壞調查後，修復工程緩緩展開。裂縫用環氧樹脂補強，剝落的牆面先清理再粉刷，窗框與門板視情況修整或更換。每一處細節，他們都盡量依原樣修復，不做過度翻新，保留原有建材與質地。因為他們明白，這些痕跡不只是老舊，而是記憶，是過去的生活留下的印記。

修復工作中，最大的挑戰不是技術，而是分寸。如何讓這些老屋既安全又能保有舊時光的樣子？團隊反覆討論，也向曾住在這裡的居民請教，只為找到那份介於修繕與保留之間最恰當的位置。一磚一瓦慢慢整理，太武新村也隨之一點一滴被喚醒。老屋不再只是靜靜佇立的建築，而像是重新張開眼睛的長者，記得過往，也準備迎接新的生活。修復的，不只是屋子本身，更是這個地方與人之間，那份久違的連結。

被喚醒的老屋

戰火砌起的家園 記憶延續於「太武」

超過半個世紀前，一百個家庭，因一場戰役，生命與這片土地產生了深刻的連結。

一九五八年八月二十三日下午五點三十分，一聲轟鳴震裂了天光。砲聲如驟雨傾瀉，震得山石崩裂、地動屋搖。那一刻，金門不再只是海圖上的孤島，而成為火線最前沿，一座用鋼鐵與血肉堆砌的防線，在戰與守之間孤懸。短短兩小時，超過五萬發砲彈如鋪天蓋地的鐵雨落下，企圖將整座島嶼吞沒。防線瞬間被撕裂，營舍化為斷垣殘壁，守軍身影在硝煙中奔走重組。來不及反應，卻也從未想過退卻，他們以最迅速的動員、最堅韌的意志，撐起一道不容崩塌的堡壘。

那天的金門，不再只是地名，而是一整座活著的、痛著的、堅守著的島嶼。此後數週，砲火從未止息，最猛烈時每日高達四萬發。美國的軍艦與補給船穿梭海面，成為關鍵後援；而島上的土壕、子彈與汗水，則構築起一道守護臺灣本島的隱形城牆。戰火延燒數月，後來竟演變為「單打雙不打」的荒謬節奏——單日砲擊，雙日休兵，宛如一場戰爭與日常交錯的荒誕日曆。直到一九七九年，這場長達二十一年的砲擊才終於劃下句點。

戰事雖止，記憶卻未曾平息。它像一道沉靜卻頑強的聲音，在一代代人心中叩問：「我們為何而活？又為何而守？」戰事落幕後，軍方回收了四十七萬發砲彈的殘片，這些曾經劃破長空的金屬，如今被一一撿拾、熔化、變賣，化作另一種形式的庇護——買地、蓋房，為歷經戰火的軍人與他們的家人，建造一處得以安身立命的新家園。

地點選在桃園大溪鎮的崎頂，因為當時的陸軍總部、特戰司令部、化學兵學校、大湳機場等軍事單位皆設於此，成為眷村落腳的自然選擇。新建的眷村以「太武」為名，紀念金門太武山在砲火中屹立不搖，也象徵那份不容遺忘的戰地精神。對前線歸來的高階軍官而言，這裡不只是眷舍，更是戰後得以安頓家人的

八二三砲戰故事館

一方平靜之地。

一九六四年，太武新村正式落成，成為記憶的延續、歷史的載體，也是守護的所在。

「一顆印」的生活風景
美式眷舍細膩設計家常

太武新村是金門防衛司令部在臺灣興建的最後一批高級眷舍，採用一九五〇年代首創的美式獨棟庭院型、二層樓建築風格，並融合戰後現代主義風格，清水紅磚牆、水泥樑柱、凸磚窗臺與空心磚裝飾，簡樸中蘊含細節，展現出獨特的眷村美學。

整體布局以中央一條九米寬的筆直步道為軸線，兩側種植高大喬木，構成綠意盎然的林蔭大道，眷舍則錯落其間。每四戶為

融合戰後現代主義與美式庭園的眷舍風格

一單幢，俗稱「一顆印」的配置，將全村一百戶住家劃分為二十五幢彼此相鄰、又各自獨立的生活單元。每戶格局方正、採光良好，展現當時對居住品質的重視。屋舍一樓為公共交誼區，設有玄關、客廳、餐廳、廚房與儲藏室；二樓則是臥室起居區域，兼顧家庭互動與個人隱私。特別的是，廚房設有通往庭院的獨立出入口，便於備餐與整理，也反映出當時對生活機能的細膩考量。

最具人情味的，莫過於每戶專屬的前後庭院，勾勒出一方小巧、私密的生活天地。前院常見花臺、盆栽與喬木，有些住戶還會栽種日常所需的蔬菜與香草，兼具生活自足與美化空間的功能。

清水紅磚與空心磚勾勒出眷村的建築語言

更有人在自家小院造景、模擬故鄉風貌，借此寄託思鄉之情，讓異地也能開出熟悉的風景。由於居住環境良好，申請資格相對嚴格，必須是上校級以上軍官，且曾在金門服役滿一年，並育有子女，再依考績積分高低分配，達標者方有機會入住。

時光流轉中的容器 重構多元共生縮影

隨著歲月流轉，眷村的空間樣貌也悄然變化。

當年前院開放、鄰里無隔，後來為了提升治安，住戶們陸續築起矮牆，有的甚至在牆頭加裝鐵釘，防止陌生人翻牆而入。這些改動，既出於實用，也反映了時代氛圍的轉變。

另一項顯著改變，是家庭人口增加後的空間調整。許多住戶在一樓小幅增建，如擴大客廳、外移廚衛等，使原本整齊劃一的眷舍格局逐漸轉化為風格多樣、各具特色的居住樣態。

太武新村原本由來自中國各省的高階軍官與眷屬組成，是典型的外省眷村。隨著原住戶遷離或凋零，社區人口更迭，陸續有閩南人、客家人、原住民與新住民進駐，轉變形成多族群共居的社區樣貌。這些新住戶不僅為生活文化注入新意，也將各自的原鄉特色融入空間改造之中。從閩南與客家的磚造技法，到屋簷造型與裝飾語彙，使眷村展現多元建築風貌。這些看似零碎的加蓋與調整，實則映現族群共處、互相影響與調適的痕跡，形塑出獨特的在地風貌。

二〇〇六年太武新村居民遷村，原有的二十五棟眷舍中，十八棟遭拆除，僅剩七棟被保留下來，當時由桃園縣政府啟動歷史建築登錄、調查與修復再利用作業。修復原則不強調「復舊」，而是以「現況保存」為核心，尊重歷年來的使用痕跡。除保留加蓋與增建作為生活與時代的印記，紅磚牆、水泥樑柱、凸磚窗臺與空心磚飾等特色，盡可能予以維持，以展現一九五〇年代建築語彙。修復作業也刻意保存窗框塗鴉、門牌遺跡與花臺等細節之處，把過往的生活氣息，化為記憶中可觸可感的建築紋理。

如今的太武新村，不只是歷史的落腳處，更是多元共生的縮影。來自不同背景的居民，在巷弄間交會，語言各異、滋味不同，卻在日常中學會互解與共處。笑聲與飯香，交織成一幅溫暖的生活圖景，也為這座眷村注入新的

牆頭加裝鐵釘防範宵小

上＿眷村是時代縮影，也是共生未來。
下＿紅磚紅門依舊佇立，見證了從眷村聚落到文化園區的轉型歷程。

生命與意義。

老空間新聲音 成為跨域對話的藝術聚落

在修復工程前期，團隊即針對眷村建物與空間未來的公共功能進行評估，最終規劃為「眷村文化園區」。期望透過太武新村獨特的空間氛圍與文化底蘊，導入藝術創作、駐村計劃、展覽與工作坊等活動，讓這裡成為結合文化創意與公共參與的平臺，孕育新世代創作人才的發聲基地。

二〇二〇年十月，太武新村眷村文化園區正式啟用，率先對外開放三幢、共十戶修復完成的眷舍。其中，二十一號眷舍規劃為「八二三砲戰故事館」，透過歷史資料、模型展示與影音互動，重現戰火下的生活情境，呈現軍民在動盪年代的真實抉擇。館內同步還原當年的眷村風貌，展現美式獨門獨院的格局與地方故事，並透過鴿子意象象徵和平，傳遞自由與民主的珍貴價值。其中一處仿診所的掛號臺，引人注目。這幢眷舍原為軍醫周伯伯的住處，當年居民若有小病小痛，皆會找他提供基本的醫療協助。在醫療資源匱乏的年代，村內有一位軍醫，不只是健康的守護者，更是撐起社區安全感的存在。

延續記憶的修復，園區更以「藝術入村，和平發聲」為理念，推動年度藝術家駐村計劃。邀請來自不同領域的創作者進駐，鼓勵以眷村文化、戰爭記憶、日常生活等在地文化脈絡為創作題材，打造跨領域對話的國際藝術聚落。

自二〇二二年起，每年下半年舉辦「太武藝術季」，展示駐村藝術家的創作成果，並搭配主題市集、工作坊與深度走讀等活動，強調藝術不再侷限於展覽空間，而能成為生活參與與文化實踐的行動。

以二〇二四年為例，共有三組藝術家進駐園區。有人運用AI修復歷史照片，搭配QR Code互動形式呈現原住戶的生活記憶；有人將當地居民的人像與故事筆記繪製大型畫作，展現居民群像與在地故事；也有人運用對稱裝置與政治符號，探討臺灣與對岸之間的歷史鏡像，並結合遊戲與

上__牆上一張張老照片訴說著當年軍眷與家人的故事
下__展示空間以真實物件還原軍中生活與戰時物資

上＿每月皆有不同主題的「太武藝市」
下＿「老村麵食節風格市集」表演活動
（圖／桃園市政府文化局）

藝術進駐讓眷村文化活起來

再製文物，啟發觀者深入思考。

二〇二四年太武藝術季以「聚x聚」為主題，從特展「後設食代：麵麵聚到」探索美援麵粉與眷村飲食文化的歷史連結，再到由在地青年主廚設計的「太武餐桌」，融合本地食材與眷村菜，搭配多場周邊活動。

作為活動亮點之一的太武餐桌，以創意料理詮釋眷村記憶，如鳳梨苦瓜雞湯沙拉、梅干菜BBQ豬肋排與臘肉貓耳朵麵，並由主廚親自說菜，於眷舍中共餐。展現藝術與眷村的相聚對話。

從眷村歲月走來 在藝術中重逢的人們

時常回來重溫記憶的原住戶，縱使搬離多年，一談起那段眷村歲月，他們眼中仍閃著懷念的光芒。

你很難找到另一個地方如眷村這般獨特的場景：左鄰右舍來自不同的原鄉，帶著各自的生活方式，相聚在同一條巷弄裡，一起煮飯、養孩子、過日子，在相處中學會理解與包容，逐漸成為彼此的家人。

過去由軍眷聚居而成的太武新村，如今吸引不同背景的人——原住戶、藝術家、旅人與觀眾，因藝術而在此相遇。在歷史與當代的交會點上，他們共同創造出新的文化連結與情感紋理。藝術延續了眷村的歷史記憶，而太武新村，則在文化的保存與創新之間，找到一條充滿生命力的重生之路。

重現早年眷村媽媽的魔法時光

太武新村眷村文化園區

連絡電話	(03)380-3821
位置資訊	桃園市大溪區慈光一街 150 巷 2 號
開放時間	09:00 ～ 18:00（週一休園，遇國定假日照常開放，翌日休園）
官方網站	taiwu.tyccc.gov.tw
Facebook	太武新村眷村文化園區

其他資訊

免費參觀，戶外空間開放至晚上 21:00。

提供 10 人以上的團體導覽服務，需於 7 日前申請。

同場加映

桃園眷村文化節：一場屬於記憶與情感的回家之旅

每年秋日，桃園總有一場特別的節日悄悄展開，不是煙火熱鬧，也不是商業喧囂，而是一場充滿記憶與情感的文化盛會，名為「眷村文化節」。

這場節慶始於二〇〇一年，當時的桃園縣政府文化局希望替這片土地上的眷村生活留下更多記錄與感謝。他們知道，眷村不只是斑駁的圍牆與磚房，更是許多人生命中最深的根，那裡有外省長輩帶來的口音與飲食，也有孩子們與鄰里共度的童年時光。

眷村文化節的誕生，就像是一場溫柔的回家邀請。每年，不論是仍住在眷村的長輩，還是早已搬離的第二、三代子孫，只要文化節一到，大家便會回到熟悉的眷村老家，一起聽老歌、品嚐熟悉的味道、翻看老照片、走一段記憶的路。

隨著時間推進，文化節的樣貌也不斷轉變，從最初的靜態展覽、口述故事與巷弄走讀，到主題市集、攝影策展與音樂演出，逐漸轉化為一場跨世代、跨族群的文化對話。不再只是懷舊，更是一種記憶的轉譯與文化的延續。它邀請每一位市民，無論是否來自眷村，都能在這裡聽見彼此的故事，看見桃園在族群融合中的多元與包容。

在桃園，眷村雖然淡入歷史，但那份屬於家的記憶，仍年年以文化節的形式被點亮，成為城市裡一段不曾遺忘的精神風景。

（最新活動資訊，請見臉書粉專「桃園眷村文化節」）

（圖／桃園市政府文化局）

文化微觀

河西文化圈的聚落節奏：大溪溪畔的靜謐生活軸線

提起桃園大溪，多數人腦海中浮現的，往往是東岸老街的商業熱鬧、木藝工坊的精緻手藝，以及古蹟建築的歷史風華。然而，在大漢溪的另一端——西岸的丘陵地帶，還有一塊蘊藏著深厚生活與信仰記憶的區域，正逐漸走進更多人的視野，這裡，便是「河西文化圈」。

所謂河西文化圈，泛指大漢溪西側的幾個傳統聚落，包括埔頂、新街、仁善、光明與太武新村一帶。相較於河東老街的繁華與觀光熱度，這裡以務農為主，聚落型態保有濃厚的鄉村氣息。居民彼此熟識，生活步調緩慢而踏實，展現出一種樸實穩定的社區節奏。

在這片土地上，信仰文化深植人心。以埔頂仁和宮為例，主祀三山國王，為客家族群的重要信仰中心。廟宇香火長年不絕，每逢祭典，廟埕熱鬧非凡，不僅凝聚地方情感，也為不同族群之間搭起交流的橋樑。

河西文化圈融合了農村記憶、信仰傳承、軍事歷史與多元族群的生活痕跡。這裡沒有觀光人潮的喧囂，卻有眷村紅磚的靜謐、廟宇香火的綿延與鄰里之間溫厚的人情。它靜靜地訴說著大溪的另一面，一種扎根土地、貼近生活的文化風景。

(圖／日日田職物所)

光陰重現

Ch.08 憲光二村眷村文化園區

憲光二村，是桃園唯一的憲兵眷村，也是時代記憶的一方座標。自一九六七年興建，這裡承載著一代人在異鄉落腳、扎根的生命經驗。隨著文化保存與園區活化，昔日的房舍與故事不再只是回憶，而是重新被閱讀、被想像，成為串連過去與未來的文化風景。

憲光二村眷村文化園區

憲光二村，如今已經搬空的巷弄，曾經是日常生活的舞臺，是無數家庭共同編織的溫暖家園。

午後，是最好的時刻。陽光斜斜地穿過老榕樹繁密枝椏，榕鬚隨風輕擺。媽媽們收拾過午餐碗盤，稍作歇息後，便在客廳裡開始家庭代工。男孩們在籃球場上奔跑吶喊，呼喚著彼此的名字；女孩坐在窗邊，迎著光翻開一本書，等著那位總會在下午四點準時出現、賣臭豆腐的伯伯。

憲光 101 房舍變身「村口見麵」（圖／村口見麵）

當天邊染上鮮豔的橙色，上弦月在雲端間若隱若現，午睡醒來的伯伯們圍著棋盤再度開局；媽媽們則回到廚房，洗米、切菜，鍋鏟碰觸鐵鍋的聲音此起彼落，交織出傍晚特有的樂章。若是有人發現少了醬油、缺了米醋，只需隔著窗輕喊一聲，鄰居便會笑著應聲，端來所需，像送來一份剛剛好的溫柔。

門前玩跳房子的孩子，在母親一聲聲的催促中乖乖回家吃晚飯，因為飯後，小廣場上的蚊子電影院就要開演。自治會早已廣播今晚放映的片單，而賣爆米香的小販推著車入村，甜香隨風四散。村裡村外的孩子聞香而來，手捧米桶排隊，邊嚼著熱騰騰的米香，邊盯著還未亮起的銀幕，眼裡寫滿期待。

夜色漸深，光影終於映上白牆，矮凳早已坐滿人。一邊揮著扇子驅蚊，一邊隨著劇情驚呼大笑，夏夜就在香氣與笑聲中緩緩展開。這些眷村的生活片段，也如同電影畫面光影定格般，深深烙印在憲光二村住戶心中，成為永不褪色的記憶。

桃園唯一的憲兵眷村
憲光二村的時代縮影

眷村，是臺灣土地上極為獨特的存在。它誕生於戰爭與遷徙的交會處，承載來自大江南北的鄉愁，也記錄戰後臺灣社會從動盪不安走向多元穩定的過程。這

台灣六〇年代的生活圖景
（圖／桃園市政府文化局）

中央榕樹廣場是以往孩子玩耍、大人聊天的所在
（圖／桃園市政府文化局）

些村落的形成，不只是軍事政策的產物，更是無數家庭交織出的生活縮影。

根據調查，全臺約有一千多個眷村，其中桃園便擁有一百一十四處，無論數量或密度皆居全臺前列。位於龜山的憲光二村，是桃園唯一的憲兵眷村。村落始建於一九六七年，最初規劃百戶平房式眷舍，簡潔低矮，承載一代軍人家庭的日常起居。六年後，隨著眷村人口漸增，又增建四十戶四層樓的公寓式職務眷舍，樓層疊起，彷彿也預示時代轉動的腳步。兩種建築形態並立村中，從水平展開到垂直疊加的空間演進樣貌，構成了一幅屬於臺灣六〇年代的生活圖景，深具時代的轉化意義與歷史重量。

作為極少數仍保留完整聚落型態的眷村，憲光二村的空間肌理並非來自都市計劃的筆直線條，而是順著生活軌跡自然生成。屋與屋之間保有適度距離，巷弄彎曲卻不令人迷失，因為每戶人家彼此熟稔。文化牆作為眷村文化的重要象徵，在此仍被完整保留，且風貌多樣，各具特色。村中處處可見年逾半百的老樹、質樸的水泥牆，以及牆面上保留的塗鴉與標語，拼湊出眷村最真實純粹的風景。

由於房舍日漸老舊，憲光二村曾經爭取將眷村改建國宅，經過評估後，最終因腹地過於狹窄，「原地自建」的審核未通過，卻

眷村風景常見牆面標語塗鴉

也讓村子有機會成為歷史建築，獲得保存。二〇〇六年夏天，全村啟動遷村作業。二〇〇八年巧逢電視劇「光陰的故事」在此取景，打開了憲光二村的知名度。然而隨著住戶陸續搬離老屋，前往新建的陸光新城，巷弄人去樓空，村落一度閒置。

直到二〇一六年，桃園市政府文化局進駐設立工作站，展開空間整備、文史調查與社區再造，隨著眷村文化節的開幕，村落再度向大眾敞開大門。如今，龜山憲光二村與中壢馬祖新村、大溪太武新村並列為「桃園眷村鐵三角」，共同串起一段段時代故事與空間記憶。

水井舊址

用手做出生活 用心留住人情

「每年的大年初一清晨六點，村子裡的廣播響起，自治會長通知大家聚集廣場團拜，接著還有抽獎活動，整個村子彌漫著過年的喜氣。」當年物資缺乏，每逢軍補發放，軍車開進村落，村民便聚集在廣場排隊領取。每次領到麵粉後，總會親手做包子、饅頭、油條和開口笑，那些熱騰騰的點心，是眷村原住戶難忘的兒時美味。

走進憲光二村，村中一景一物總會喚起懷舊記憶。水井舊址，是當年媽媽們洗衣、聊天的聚點；村落附近曾是墳場（現已遷移），孩子們不覺害怕，反而當成遊樂場，有時遇上祭祀，還能幫忙張羅，賺點零用錢。

經過五十七號門牌，原住戶丁媽媽（洪千鶴）是村裡婦工隊隊長，常有媽媽們聚在她家交流家常、切磋廚藝。香氣四溢的炒米粉、臺式與廣式粽子，是她的拿手好菜；而陳媽媽的臺式泡菜、唐媽媽的客家鹼粽，也都是憲光二村記憶中的經典滋味，雖久遠，卻從未真正遺忘。軍人家庭裡，爸爸白天都不在家，眷村平時是媽媽當家。憲光的媽媽們無所不能，既要打理家務、教養孩子，還能種菜、接家庭代工，甚至開麵攤、雜貨店、美髮店，為家中開源貼補。有位王媽媽甚至是麻將高手，參加比賽奪下冠軍，還抱回獎金，成了村裡津津樂道的傳奇。

隨著孩子陸續出生，眷舍原有格局逐漸不敷使用，住戶便在前院、後院增建擴充。砌磚這類加蓋工程，媽媽們索性自己動手，還有人租來機器打磨地板、親自

這裡，有家的形狀，也有情的溫度。

更換浴室磁磚，靠著勤勞與巧思，讓家變得更適合生活。媽媽們朝夕相處，情同姊妹。平日彼此照應，臨時出門、託付小孩，也總能找到人接應。眷村的日常，是靜靜的交心，是鄰里之間無需多言的信任，是孩子們自在穿梭於彼此家中的安心氛圍。在那樣的年代，物資或許匱乏，情誼卻深厚而綿長。

憲時記憶常設展
串起人與門牌的記憶

從戶外轉入室內，兩排由乙級眷舍改建而成的展場，設有「憲時記憶常設展」。展覽內容來自過去駐地工作站訪談原住戶所蒐集的故事、老照片與生活文物，細膩呈現眷村生活的日常記憶與歷史軌跡。

一進門，便以老式體重計和視力檢查表重現體檢處，為「憲兵故事區」拉開序幕。展區介紹憲兵的光榮歷史與使命，其中一輛重達三百公斤、曾出現在國慶典禮並用於引導高官與外賓的憲兵重機（Yamaha 皇家之星規格），成為展場亮點。隨後展區則轉向憲光二村居民的集體記憶，有的透過老照片與文物複刻昔日的生活空間；有的利用投影重現國軍遷臺的歷史場景；也有互動裝置訴說那些離散與落地生根的生命故事。

展區一隅，有個角落名為「寄不出的家書」，最令人惆悵。發黃的信紙上寫滿對家鄉的思念，字字都是離人淚。許多國軍弟兄少小離家，一九四九年五月戒嚴後與故鄉斷絕音訊，通信被視為通匪，僅能透過第三地暗中輾轉寄送，更多時候，只能將滿腔鄉愁封存在這些寄不出去的家書裡。

在憲光二村，每一個門牌號碼，都代表著一個眷村人家的生

一個門牌號碼代表一個眷村家庭故事

上__重現國軍遷臺歷史
下__憲時記憶常設展

活軌跡。現在，只要掃描門牌上的 QR Code，就能讀到那戶人家的故事。展場內設置的雙銀幕互動裝置，也能點選門牌號，喚出對應的住戶回憶片段。

例如，門牌一三九號記錄的是「最年輕自治會長」陳萬榮的故事。他的父親陳開文出身憲兵，陳萬榮與兄弟皆為「憲二代」，是村裡少見全家男性都曾任職憲兵的家庭。陳萬榮服役資歷完整，涵蓋地方憲兵隊、地方指揮部至中央的國防部憲兵司令部，並曾因緝毒任務獲頒「磐石二等級獎章」。村民提到他，無不豎起大

展區復刻了方伯伯的雜貨店

拇指。他不僅連任三屆自治會會長，當年還曾向總統李登輝簡報「原地自建」計劃，後來也是他成功協調憲光二村的遷居事宜。

自治會設在門牌四十四號，當時的住戶是來自湖南的方伯伯（方傳榮）。他在隔壁四十五號開了一家雜貨店，是孩子們嘴饞時最愛流連的去處。村內外的訊息流通，全靠雜貨店裡的公共電話和廣播系統。由於方伯伯鄉音濃重，有些媽媽聽不清楚廣播內容，常得特地跑來確認他到底說了什麼。

門牌九十二號的龔伯伯（龔華成）也來自湖南，早年曾是軍樂隊的小號手。遷入憲光二村後，因為服務單位在臺北，每天騎腳踏車通勤，風雨無阻。他曾擔任自治會會長長達十二年，每逢大年初一，廣播裡傳來他召集團拜的聲音，是許多村民難以忘懷的記憶。

如今，這兩位長輩皆已辭世。展區特別復刻方伯伯的雜貨店與龔伯伯的客廳，其中龔伯伯吹

龔華成的家族回憶透過展覽方式保存下來

奏過的小號也掛在牆上，紀念他們曾經為村子付出的深情與歲月。

一桌節慶家常菜 看見眷村溫柔歲月

食物的滋味，是舌尖上的記憶。眷村生活簡單樸實，節慶成了特別的期待與珍貴記憶，也因此成為憲光二村眷村文化園區活動的主軸。春節請書法老師現場書寫春聯、元宵彩繪燈籠、端午手作香包；園區也經常推出主題市集、走讀導覽，讓大人小孩都能在眷村裡找到樂趣。

二〇二四年十一月，「憲光同學會」重磅登場，邀請八十位原住戶回村團聚。活動由憲光二村與虎尾眷村再造協會共同策劃，青年團隊端出融合兩村風味的家

一桌菜餚傳承眷村文化（圖／桃園市政府文化局）

憲光二村眷村文化園區的寫春聯活動
（圖／桃園市政府文化局）

2024 年 11 月「憲光同學會」重磅登場（圖／桃園市政府文化局）

常菜——湖南扣肉、炒水磨年糕、香椿烘蛋、土豆燒雞……一桌菜餚，串起彼此的記憶，也讓飲食成為傳承眷村文化的溫柔橋樑。

在那個「故鄉變他鄉」的時代，憲光二村庇護了那些曾在戰火中漂泊的靈魂。原本只是短暫落腳的地方，最終成為他們安身立命的家園。光陰悄然流轉，而故事仍在延續。

憲光二村眷村文化園區

連絡電話	(03)319-7132
位置資訊	桃園市龜山區大同路 138 巷
開放時間	9:00～18:00（週一休園，遇國定假日照常開放，翌日休園）
官方網站	xianguang.tyccc.gov.tw
Facebook	憲光二村眷村文化園區

其他資訊

免費參觀。提供 20 人以上的團體導覽服務，需於 14 日前申請。憲光二村從 2025 年 4 月進行加固工程，老建築區將無法接近，最新進度請查詢臉書粉絲專頁。

同場加映

桃園地景藝術節：讓土地說話，讓藝術回應

「從土地出發，讓藝術走進生活」，自2013年起，桃園地景藝術節便以藝術為橋樑，串聯自然地貌與人文記憶，年年以不同主題，陪伴城市一同成長。

二〇二四年，藝術節以「迴．龜」為題，邀集來自國內外的藝術家、學校、企業與社區居民，共同創作出二十三件風格各異的裝置藝術。作品散落於城市各個角落，並搭配表演、導覽、小旅行與藝術工作坊，邀請民眾用多元方式走入桃園的故事。

整個展區分為「上龜山」與「下龜山」兩大區塊，從桃園酒廠、捷運A7與A8站、長庚轉運站、體育大學、中正公園，到眷村故事館與憲光二村，處處可見藝術的蹤影。其中，憲光二村的作品「龜吉拉的守護」結合鐵構與竹編，近八米高的巨型身影，以雄偉的身姿，守護著期盼新生的舊軍眷舍，成為熱門拍照地標。

二〇二五年起，桃園地景藝術節將以雙年展形式持續舉辦，延續這股屬於桃園的藝術能量與節慶溫度。

官網 | taoyuanlandart.com.tw

Facebook | 桃園地景藝術節

同場加映

龜山眷村故事館：來與眷村媽媽話家常

眷村奶奶帶著眾人走進熱鬧的龜山市場，一身碎花襯衫、頸繫五彩絲巾、頭戴橙紅色帽子，在人潮湧動中格外醒目。

攤販前，高麗菜、白蘿蔔堆得像座小山，鮮魚閃著銀光跳動，炸物攤香氣四溢，叫賣聲、喧笑聲此起彼落，讓人目不暇給。而奶奶則熟門熟路的直奔她長年光顧的蔬菜攤，她知道那裡的菜總是最新鮮，價格也最實在。

這是由龜山眷村故事館舉辦的「龜山小菜館——奶奶帶路買菜」活動，一推出即報名秒殺。活動當天，參與者在奶奶的帶領下走訪傳統市場，體驗採買食材的樂趣，隨後回到故事館，大家一起動手做出三道承載眷村記憶的道地家常菜：香氣撲鼻的「蒼蠅頭」、清爽開胃的「涼拌小黃瓜加皮蛋」、以及風味獨特的「雲南料理」。作法簡單，每道都是下飯的好滋味。這份濃濃的「家庭味」，正是龜山眷村故事館最動人的特色之一。

位於桃園市龜山區光峰路上的龜山眷村故事館，

(圖／桃園市政府文化局)

前身為陸光三村的自治會辦公室，曾見證社區的群聚生活與鄰里情誼。二〇〇四年被登錄為歷史建築，並於二〇一五年轉型為故事館。

與其說這裡是座博物館，不如說是一處延續眷村靈魂的生活場域。規劃團隊捨棄過往以軍事史為主的敘事方式，轉而以「家庭」為展示核心，試圖讓參觀者看到眷村中最真實、也最容易被忽略的一面——人與人之間的依靠與牽絆。紅門綠窗、老沙發、縫紉機、鋁製飯盒……都是來自一九五〇至一九八〇年代的真實物件。這些懷舊場景不是為了懷舊本身，而是邀請參觀者坐下、呼吸、想像那個時代「家的樣貌」，彷彿走入一戶當年的家庭。

館內重現廚房場景、縫紉間與孩童遊戲空間，與書房裡嚴肅的軍服、蔣公語錄形成鮮明強烈對比，彷彿在無聲的述說：那些在家中默默撐起一切的女性，也是一段段歷史的主角。她們溫柔而堅定，不只是軍人背後的陪伴者，更是家庭的撐持者、文化的傳遞者與延續者。

其實故事館的導覽志工，多為社區的奶奶與媽媽。她們總是親切的主動迎接來訪的客人，從溫暖的開場白開始，到坐在客廳聊起當年的生活與眷村故事，談著談著，導覽早已超越了單向的介紹，變成一場真誠的跨時代情感交流。有些民眾看到老電視、圓桌，或某件熟悉的物品，會忍不住說：「我家以前也有！」一位志工媽媽笑著說：「然後大家就開始分享自己的故事，那是一種彼此共鳴的感覺，不只是導覽，更是一種情感的連結。」

這樣的互動為空間注入了溫度，每一次的相遇都充滿意義與感動。造訪龜山眷村故事館，除了來「看歷史」，還能「聽故事」，在每一個話家常的時刻，都是一群真實的人的一段段溫暖記憶，邀請你走進生活、感受人情味的場域。

i

地址 | 桃園市龜山區光峰路 43 號

開館 | 09:00 ～ 17:00（週一休館，國定假日照常開館，翌日休館）

Facebook | 龜山眷村故事館

行旅路線・五

一座文學之城的誕生：探索書香桃園

桃園，這座快速變動的城市，長久以來蘊含豐厚的文學養分。從古典詩社到報導文學，從童詩、客語、閩南語書寫到新住民敘事，文學在此如河流蜿蜒，串起族群、時代與土地的記憶。這股文學脈動，如今轉化為城市風景——鍾肇政文學生活園區展開時光的巷弄，桃園市立文學館正在成形，特色圖書館成為社區對話的場域，而「獨立書店藏寶圖」則串聯起創作者與讀者的網絡。

文學也在龍潭聖蹟亭回望歷史脈絡，在菱潭街興創基地開出文化新芽。書寫不再只是頁面上的詞句，而是城市中的地景、聲音與情感記憶——桃園，正以溫柔而堅定的步伐，走向一座文學之城。

桃園市立圖書館
桃園文學館
桃園火車站
內壢火車站
八德區
中壢區
中壢車站
楊梅區
桃園市
新竹市
新北市
桃園市立圖書館龍岡分館
龍潭區
桃園市立圖書館龍潭分館暨
鄧雨賢台灣音樂紀念館
鍾肇政文學生活園區
龍潭武德殿

Ch.09

桃園文學館

桃園的書寫來自閩南、客家、眷村、原住民與新住民等族群，以多樣語言與記憶匯流，孕育桃園獨特豐富的在地文學風景。而桃園文學館不只展示經典，更關注當代創作與尚未被記錄的聲音，橫向拓展文類樣貌，縱向連結時代脈絡。

桃園市立文學館融合現代線條與文學意象，入口廣場設有詩句光柱，邀請市民與旅人走入文字的世界。

桃園文學宛如一條長河，源頭從山林部落的傳說，涓滴而下，沿著開墾者的足跡蜿蜒而行。在詩社與報章間匯聚成勢，再匯入小說、散文、新詩、報導文學與兒童文學的百川，奔流出屬於這座城市的語言與記憶。

追溯古典時期，日治時代的桃園詩社如雨後春筍般成立，桃園吟社、以文吟社、文賢吟社……吟詩不單為了創作，而是一場集體的文化行動，也是一種書寫與保存記憶的方式。時至今日，「以文吟社」仍持續每月吟會不輟，是難能可貴的延續。

新文學的水勢，在日治時期悄然湧現。郭啟賢的《兩個時代》，是桃園少數留下的日據小說紀錄。戰後，鍾肇政像是一位河道開鑿者，帶動地方書寫的深耕。他從《濁流三部曲》起筆，到關注農民、土地與鄉村轉型的一系列創作，讓桃園成為臺灣文學地圖上的鮮明座標。

專為文字與閱讀打造的場域

八〇年代後，黃娟書寫楊梅女性家族的記憶、黃文相將社會批判融入小說、鄭清文以閩南語與客語交錯出地方語言的豐富紋理。桃園文學不再侷限於鄉土視角，也直面城市化、工業發展與多元族群交會的現代處境。

兒童文學亦是桃園的驕傲之一。從全國第一本兒童詩刊《月光光》，到林鍾隆、傅林統等人的耕耘，童詩、童話與兒童報導文學齊頭並進，開創出一片清澈又富想像力的支流。桃園，也曾是全臺唯一設有區域性兒童文學協會的縣市。

在這條文學長河中，名字如波光閃動：李獻璋、鄧雨賢、鍾

與文學館定位呼應的藝術作品「一塘一書一記憶」

肇政、杜潘芳格、鄭煥、賴傳鑑、鄭清文、黃文相、鍾延豪、徐正平、廖明進、邱傑、鄧榮坤、羅青、古蒙仁、莊華堂、林央敏、黃秋芳、陳謙、黃克成、許水富、林文義、陳銘磻、許悔之、謝鴻文、向鴻全、姜泰宇（敷米漿）等，他們的作品如河流中的波紋與迴旋，既記錄個人生命，也映照地方變遷。

如今，這條長河正流向一個嶄新的節點——桃園文學館。

文學館落腳舊城 城市開始慢讀

位於桃園舊城區的桃園文學館，是一座專為文字與閱讀打造的空間。

「文學不只是作品的展示，它是文化的沉澱，是記憶的軌跡，」桃園市政府文化局長邱正生指出，選在舊城區設館，正好回應了文學對於過往人文軌跡的承載性，讓館舍成為歷史與當代之間的對話場域。

文學館由兩棟建築構成，一為四層樓的現代建築，另一則以仿日式斜屋頂建築勾勒昔日宿舍的輪廓記憶。兩者相互呼應，彷彿桃園的過去與當下的對話，也像是紙張與筆尖之間的默契。

主館一樓是歡迎每位來訪者的起點。挑高的迎賓大廳設有小型書店與閱讀廊，可以買一本詩集，也可以就著窗邊的光影翻閱展覽牆上的新作。這裡不求速讀，只邀請人們慢下來，感受文字在空氣中的重量。

拾級而上，二樓是常設展區，梳理在地作家的創作與生命軌跡，呈現出各族群的書寫風貌。桃園這座多元城市的文學樣貌，在此交織成形，文字背後藏著土地與語言長時間的碰撞與融合。

至於三樓特展區，則不定期推出不同主題，可能聚焦一位作家的內在世界，也可能回望某段文學史。旁邊的多功能區常舉辦朗讀、講座與讀書會，有時也只是幾張桌椅，讓熱愛文學的人圍坐、分享、討論。

主館旁，還有一棟日式風格的小建築。平日作為文學咖啡館使用，也是沙龍與寫作課程的據點。天氣晴朗時，不妨來杯茶、翻本書，也許能巧遇某位作家在窗邊構思句子。

文學館座落的忠孝街，周邊是東門國小、信仰中心、藝文場館與老社區居民交織的生活網絡。這樣的選址，是一種策略，也是一種誠意。不希望文學館變成孤立的文化硬體，而是成為街區的一部分。

在地語言匯聚於此
文學是一切創意的起點

桃園文學館是北臺灣第一座市立的文學館。

拔得頭籌，並非出於「搶快」，而是回應文化界長久以來對文學在公共空間中缺席的焦慮。文學從來不是遙不可及的精英象徵，而是文化內容產業的源頭。不論是電影、戲劇、動漫或展覽，最初的靈感往往都來自文字。文學，是一切創意的起點。

而文學館，正是讓這個「起點」得以被看見、被理解、被傳承的所在。

桃園豐富的文學底蘊，為文學館的誕生提供了堅實根基。這座城市的書寫能量來自多元族群——閩南、客家、眷村、原住民與新住民，各自以不同語言與記憶，編織出屬於桃園的文學樣貌。這些文字不僅保留了族群歷史，也讓文學成為城市文化交會與延續的橋樑。

這樣的多元性，也正是未來展覽與策劃的主軸。故在籌備階段，桃園文學館便邀集孫大川、封德屏、李瑞騰、陳昭珍、林央敏、陳銘磻、鍾怡雯、黃秋芳、林巾力、須文蔚、許水富、林文義與謝鴻文等文學界重量級人士，擔任諮詢委員，從不同專業視角勾勒出桃園文學的多層次樣貌與城市氣質。

這是一座能夠橫向展開文類、縱向追溯時代脈絡的文學館。

理解土地，也理解人——邱正生眼中的文學與旋律

邱正生主修人類學，田野經驗教會他放下預設、從零傾聽。面對桃園的原住民書寫、客家詩歌、眷村回憶與移民故事，他會問自己：「他們為什麼這樣寫？這樣的文字，來自什麼樣的經驗？」於他而言，文學不是抽象的知識體系，而是理解人與世界的入口。

大學時期便對臺灣文學頗有涉獵的邱正生，談起桃園作家時特別提到「鄧雨賢」。這位來

桃園市政府文化局局長 邱正生

自桃園龍潭的客家音樂家，被譽為「臺灣歌謠之父」，在短短三十九年的人生中，寫下了屬於整個世代的心聲。由他作曲和作詞人李臨秋、周添旺合作的代表作〈四季紅〉、〈月夜愁〉、〈望春風〉、〈雨夜花〉，四首作品旋律清淺、情感深長，被合稱為「四月望雨」，唱出愛戀、鄉愁與失落。不僅動聽，也是蘊含深厚常民情感與時代氛圍的作品。

「如果將戲曲與歌謠納入文學範疇，那鄧雨賢會是我最喜歡的創作者之一。」邱正生說，鄧雨賢創作的旋律，輕柔而綿長，搭配上典雅婉約的歌詞，將喜悅或愁緒，娓娓道來，那是屬於那個時代的心境，但感受是超越時代的。許多人可能不知道，鄧雨賢雖是客家人，卻能以臺語歌謠寫出如此動人的作品，這種跨語言的創作，正體現了桃園深厚的多元文化底蘊。鄧雨賢不只是作曲家，更是音樂教育者，曾任教於多所學校，默默培育下一代的樂聲。他融合西洋和聲與本土旋律，創造出屬於這片土地的音樂語言。多年來，臺灣各地持續以音樂會與展覽紀念他。桃園也設立了鄧雨賢音樂文化紀念館，延續這位音樂家的風景與精神。

這些經典旋律不僅是音樂，而是蘊含深厚人性情感與時代氛圍的文字。這樣的理解，也正是桃園文學館企圖建立的閱讀入口。

不是只談小說、詩，也要談移民書寫、報導文學、口述歷史；不只是展示經典，更要看見當代的、在地的、未被記錄的聲音。

文學河流上的碼頭
桃園文學館的誕生與展望

從大溪木藝生態博物館的匠心工藝、土地公文化館的信仰軌跡，到八塊厝民俗藝術村的常民記憶，以及逐步成形的桃園市立美術館群，桃園各地的文化館所近年來積極發揮典藏、展示、教育與推廣的功能，不只是保存文化，更在形塑屬於這座城市的品牌特色。如今，桃園文學館也加入這股文化推動的行列。

「文學館不是蓋一座建築，」邱正生強調，「而是打造一個讓文學走入人群、融入日常的文化基地。」他特別重視文學館與社區的連結，不僅是展出在地作家

挑高書牆陳列經典作品，搭配浮空樓梯與詩句垂掛，打造一座會說故事的文學展演場域。
（模擬示意圖／桃園市政府文化局）

的創作，更包括街角詩句、文學市集、讀書沙龍、以及與獨立書店的串聯。希望這座文學館未來能成為一個平臺，讓不同年齡、不同身分背景的人，都能在這裡找到與文字連結的方式。

文學館也將導入人才培育機制，從寫作營隊、校園文學教案、到在地創作駐館計劃，串連閱讀、創作與出版，為桃園培養新一代的文學能量。除此之外，文學館還會結合數位科技，讓文字成為可感可互動的體驗。觀者可以走入文句構築的場景，感受桃園的文化風景，未來也能透過線上資料庫與官網，讓市民隨時透過手機或電腦連結在地的文學資源，讓閱讀真正貼近生活。

這不只是建構一座文化場館，更是匯聚與保存集體記憶的行動。桃園文學館將串連地方文學脈絡，同時引領未來世代的閱讀與書寫方向。當文學館開館後，不論是市民或旅人，都能自在走進這座與文字有關的空間。有人在展區慢慢閱讀，在地作家的聲音一一浮現；有人在書店翻閱詩集與故事，也有人單純想找個角落，讓心暫時停下來。窗邊有光，屋裡有書，隔壁棟還有輕食與茶點，適合靜靜歇息，也適合偶爾與文字相遇。

文學，將不再只是藏於書櫃、被保存的知識，而是生活中，一個剛剛好的片刻。讓文學回到生活，重新流動。從古典詩社到現代小說、從手抄報到文學館藏，桃園文學的水路正在延展。而文學館，正是這條河流上的一座碼頭，等著我們停靠、回望，再啟程。

i **桃園市立文學館**

位置資訊　桃園市桃園區忠孝街 11 號
開放時間　即將於 2025 年九月開館

同場加映

杜潘芳格文學紀念館：用詩耕耘時代的光記憶

座落於桃園北區客家會館內的「杜潘芳格文學紀念館」，以詩作〈有光在該位个時節〉為靈感設計，展場設計以「光」為主題，象徵詩人筆下傳遞的希望與溫暖。

展覽陳列手稿、照片與生活物件，並設有互動裝置，讓觀者能聆聽詩人以不同客語腔調朗讀詩作，體驗其語言的音韻之美與文化底蘊。

這座紀念館所紀念的，是臺灣極具代表性的女性詩人——杜潘芳格（本名潘芳格）。她出生於新竹新埔客家家庭，自喻為「島上的一棵女人樹」，以詩書寫土地、親情與信仰。詩風質樸、情感真摯，善於從日常生活中觀照社會與文化。

成長於日治時期，早年受日語教育，戰後轉而學習中文，一九八〇年代起改以客語創作，成為跨語言世代的代表。她常以客語的節奏與意象入詩，語言平易卻富有張力，透過植物（如芙蓉花、相思樹）與日常物件（如油紙傘、菜園），刻畫客家女性的生活經驗與文化記憶。其作品深獲文壇肯定，對客家文學發展深具貢獻。

二〇〇七年，杜潘芳格獲頒「傑出貢獻獎」與「臺灣新文學貢獻獎」，表彰她在文學與文化上的長年耕耘。

（圖／財團法人桃園市客家文化基金會）

地址｜桃園市八德區崁頂路 60 號（位於桃園北區客家會館）

開館｜09：00～17：00（週一休館）

同場加映

閱讀在城市蔓延：桃園特色圖書館群像

在桃園，圖書館的角色早已不只是「借書看書」這麼單一。它們是閱讀的場域，也是文化生活的延伸空間。從總館到各分館，每一座圖書館皆以獨特設計與在地特色，體現了城市對知識、美學與公共品質的重視。

位於桃園藝文特區的市立圖書館總館，是目前全國最大的地區性公共圖書館，建築設計以「生命樹」為概念，結合綠建築與節能設計，曾獲多項建築獎肯定。館藏資源豐富，並引進蔦屋書店、星巴克、小型電影院等複合設施，讓閱讀成為一種流動於日常的悠閒體驗。

中壢區的龍岡分館鄰近臺貿公園，是一座以綠建築理念打造的社區型圖書館。外牆由四十五塊書本造型面板構成，象徵知識的積累與開展。館內空間設有閱報區、兒童閱覽室、地方文獻室與書庫，自修座位數量達兩百六十五席，兼顧不同年齡與需求，是不少在地居民親近閱讀的重要據點。

至於位於龍潭行政園區的龍潭分館，則是桃園市規模最大的分館，特色在於將知識、音樂與地方文化融合一體。館內設有「鄧雨賢臺灣音樂紀念館」，典藏臺灣重要音樂作品與影音資料。建築風格融入客家文化意象，是一處將閱讀、音樂與在地文化緊密結合的龍潭地區藝文基地。

這些圖書館的共通之處，在於它們不只是提供書籍與資訊的空間，更以豐富的文化內涵與多元機能參與城市文化的流動與塑形，成為市民日常生活中不可或缺的精神場域。

總館

龍岡分館

桃園市立圖書館

總館

地址 | 桃園市桃園區南平路 303 號

開館 | 週二至六 08：30 ～ 21：00、週日至一 08：30 ～ 17：00（國定假日及每個月最後一個週四休館）

龍岡分館

地址 | 桃園市中壢區臺貿一街 100 號

開館 | 週二至六 08：30 ～ 21：00、週日至一 08：30 ～ 17：00（國定假日及每個月最後一個週四休館）

龍潭分館（暨鄧雨賢臺灣音樂紀念館）

地址 | 桃園市龍潭區中興路 680 號

開館 | 週二至六 08：30 ～ 21：00、週日至一 08：30 ～ 17：00（休館日依實際公告為準）

在地書寫

Ch.10 鍾肇政文學生活園區

鍾肇政文學生活園區是作家鍾肇政長年生活與創作之地。園區以其舊居及日式宿舍群為核心，透過策展、走讀與展演活動，將鍾肇政的文學世界轉化為可感、可行、可共創的文化場域。這不僅是對一位文學家的致敬，更是地方文化與歷史記憶的具體承接與活化。

鍾肇政文學生活園區源自一場搶救日式老建築的行動

〈歸來記〉手稿

再度回到昔日舊居，那是個炎夏的早晨，陽光早已高掛，暑氣翻湧而上。所幸，微風不時穿窗而入，帶來片刻涼意。

跨過門檻的瞬間，恍若踏入半個世紀前的時光長廊。那是物資匱乏的年代，日光燈剛走入尋常百姓的生活。他記得那刺眼的白光，當時被視為文明進步的象徵。而就在這樣的燈光下，他伏案寫下了自己的第一部長篇小說《魯冰花》。

「鍾老，我們準備了稿紙，您能為我們寫幾個字嗎？」一個聲音響起，將他從記憶拉回現實，此刻的他，正進行一檔新聞節目的錄製。

鏡頭下，他銀白的髮絲垂落在深灰色短衫的領口上，背影微微佝僂，彷彿承載著歲月的重量。他望向布滿方格的稿紙，如同農夫面對常年耕作的田地，筆鋒未及思索，文字便傾瀉而出。片刻間，一篇短文落成，題為〈歸來記〉，最後，他落款——鍾肇政。

「昨天，郵差說我人都九十歲了，字還是那麼好看呢！」他開玩笑般說道。

這篇〈歸來記〉，寫於二〇一四年七月二十八日，至今仍留在鍾肇政文學生活園區的房間中，擺放的位置，正是當年他寫下《魯冰花》的地方。

臺灣文學之母
照亮無數人的創作旅程

鍾肇政（一九二五－二〇二〇）是臺灣國寶級作家，以《濁流三部曲》與《臺灣人三部曲》奠定臺灣大河小說的典範，一生筆耕不輟，創作累積超過兩千萬字，為臺灣文學留下豐厚而深遠的文學資產。

除了創作，他更以無私的精神扶植後進。透過自發編寫與寄送《文友通訊》，主動與全臺各地懷抱寫作夢的青年筆友通信，耐心回信、指導、鼓勵投稿，並提供創作機會。這份長年耕耘使他成為無數作家啟蒙路上的關鍵推手，受到後輩敬稱為「臺灣文學之母」。

鍾肇政出生於桃園龍潭九座寮（今桃園市龍潭區九龍里），童年曾隨家人遷居臺北。先後在臺北、龍潭與彰化等地求學，歷經不同語言與文化環境的洗禮。服役期間駐守於大甲鐵砧山，不幸罹患瘧疾，高燒不退，造成左耳永久失聰。

二戰結束後，他考取臺灣大學中文系，因課堂上的教師來自中國各省、口音各異，加上自身重聽困擾，僅就讀兩天便選擇退學。返鄉後，他在龍潭國小任教，並在課餘時間苦練寫作，為日後的文學之路奠定基礎。

圖為早年文友聚會留影

一九五六年，鍾肇政在龍潭國小任教，他與妻子在南龍路五段的一間十二坪教師宿舍定居，一家七口同住，生活擁擠，甚至

太太鍾張九妹到龍潭街上訂製書桌送給鍾肇政

有時父母也來同住，最多擠進九人。為貼補家用，鍾太太在屋旁養豬養雞，盡心持家。鍾肇政曾打趣形容，那些年他要餵飽的嘴多達七十多張。

教書之餘，鍾肇政全心投入寫作。座敷窗前，椰子樹搖曳、光線充足，是他理想的創作角落。那張寫下無數篇章的檜木書桌，是鍾太太靠養雞養豬、省吃儉用存下的心意，價值相當於他兩個月薪水。書桌旁釘著一塊木板，上頭裝著一盞十燭光的日光燈，成為他夜裡寫作的陪伴。

在這間小小的宿舍裡，鍾肇政住了十一年。就是在這裡，他創辦了《文友通訊》，完成了讓他聲名大噪的小說《魯冰花》，

《魯冰花》展區呈現文字如何化為影像與記憶

並陸續寫出史詩格局的《濁流三部曲》與《臺灣人三部曲》，開啟了臺灣文學書寫土地與歷史的壯闊篇章。

其中，《魯冰花》因被改編為電影並搭配膾炙人口的主題曲而深植人心，成為鍾肇政最知名的作品。故事講述一位繪畫天分出眾的孩子，畫作靈動如光，卻終究因體制與貧困現實吞沒；即使是最懂他的美術老師，也只能無力陪伴他承受命運。鍾肇政筆下這位天才小畫家，就像早春中盛開的魯冰花，蝶翼般的黃色花瓣才剛迎風綻放，便已夭折凋零。

《魯冰花》結局哀傷，卻持續感動世代讀者，提醒人們：每個孩子的獨特都值得被看見與接納。這，正是文學最動人的力量。

一支筆書寫龍潭百年
日式建築的搶救、重建與策展

鍾肇政文學生活園區的誕生，始於一場搶救日式老建築的行動，也是一段文化記憶的守護歷程。

二〇一〇年，龍潭國小因教師宿舍年久失修，打算拆除改建為校務大樓。鍾肇政的家屬與地方人士察覺其歷史價值，遂向政府提出保存訴求，歷經多方奔走，終於在二〇一二年，成功以歷史建築之文化資產身分獲得保存。

園區對街的龍潭武德殿，建於日治時期，原為供警察與學生練習劍道、柔道的武道場。戰後曾長期閒置或轉作他用，直至二〇〇八年登錄為歷史建築，才重新受到關注。

二〇一三年初，改制前的桃園縣政府文化局啟動「龍潭文學館」籌備計劃，著手修復並活化日式宿舍群，為這片沉寂多年的文學現場注入新生命。由於鍾肇政在作品中多次描繪龍潭街區空間與歷史脈絡，其中包含警察局與武德殿等重要地景，因此自二〇一五年起擴大園區計劃，將武德殿納入範圍，正式定名為「鍾肇政文學生活園區」，勾勒出一幅融合文學與生活的文化藍圖。

二〇一七年，文化局啟動修繕工程，歷時兩年多，終於在二〇一九年四月二十日正式開幕。之後管理權交由桃園市政府客家

武德殿於 2015 年成為鍾肇政文學生活園區的一部分

鍾家年節餐食

事務局接手，並委託財團法人桃園市客家文化基金會營運，讓鍾肇政的文學精神得以在此延續、安居，深植於龍潭的歷史文化，共存於生活之中。

園區籌設過程中，現任「龍潭文風造庄聯盟」理事長蔡濟民，是幕後關鍵的推動者之一。他雖是大溪人，但因祖父曾任龍潭鄉代理鄉長，與龍潭有深厚淵源。蔡濟民因緣際會成為園區最早的駐地策劃者。原對臺灣文學與鍾肇政並不熟悉，隨著工作的深入，逐漸沉浸於鍾老的作品，從文字裡看見龍潭的地景與人情。

園區規劃時，將日式宿舍群規劃為三個展區，彷彿展開鍾肇政文學世界的三頁書籤。前兩區分別以《魯冰花》與鍾老的文學生涯為主軸，展出手稿、照片與各版本書籍，勾勒出一位作家筆下的時代風貌。其中一隅還播放改編自《魯冰花》的電影片段，讓觀者從紙上文字走入影像世界。

而第三個展區便是鍾老當年的舊居。策展團隊懷著深切敬意，悉心蒐羅手稿影印本、舊時照片與生活器物，復刻書桌與書房場景，甚至以模型再現鍾家餐桌上的家常菜色。這些平凡又溫暖的細節，如今都靜靜述說著，一位文學家如何在日常之中，寫出一整個時代的風景。

桃園市客家文化基金會文化推廣組組長賴彥儒表示，園區內的日式宿舍群以常設展為主，講座、活動與主題特展則多安排於對街的武德殿空間。

二〇二四年，適逢鍾肇政百歲冥誕，基金會以「文學百分百」為主題，規劃一系列紀念活動。其中，「故鄉時光機：鍾肇政記憶回顧特展」在武德殿展出，透過鍾肇政的視角看見龍潭，也喚起人們對自身故鄉的記憶。

2024 文學百分百活動紀錄（圖／財團法人桃園市客家文化基金會）

閱讀鍾肇政

這一年，也恰逢龍潭信仰中心——龍元宮建廟兩百年。百年前，鍾肇政的家人曾在龍元宮廟埕為他舉辦滿月酒席；百年後，基金會特別選在同一地點舉辦「鍾肇政文學百分百派對」，向這位植根土地、書寫故鄉的文學家致敬。

龍元宮主祀五穀神農大帝，距離鍾肇政舊居不遠，是他生命經驗的重要場域。從《魯冰花》、《流雲》、《靈潭恨》、《沉淪》到《大壩》，都有相關的描述。除了龍元宮，在地龍潭基督長老教會、上街、下街、龍潭戲院、菱潭街，以及更遠的龍潭大池與姑乳山，都成為他筆下情感與記憶的深刻座標。

讓文學走出書頁 「文學轉譯」讀懂鍾肇政

鍾肇政的創作來自土地和生活，作品蘊含豐富的地方知識學，從飲食習慣、節慶儀式，到建築樣貌與土地經驗等，這些珍貴的文化元素若要在當代被看見、被理解，就必須透過「文學轉譯」的細緻過程。

所謂的文學轉譯，並非語言上的翻譯，而是將文學作品中的內涵、精神與敘事，轉換為大眾可以近用、參與、感知的形式。無論是透過展覽策劃、文學走讀、地景對應、藝術共創，甚至是音樂與戲劇的結合，都成為讓文學走出書頁、走入生活的實踐方式。

園區定期舉辦的「龍潭文學地景走讀」，便是實踐之一。帶領參與者實地踏查小說中的街道與景物，並朗讀鍾肇政的文字，結合地圖與影像，感受虛構與現實的交錯。腳下是他筆下場景，耳中是文字裡的風聲與炊煙。語音導覽與互動設計進一步延伸參與，讓文學成為可行走、可體驗的日常。

另外，蔡濟民也策劃「大河文藝季」，透過展覽、導覽、市集與手作，讓文學成為可體驗、可再創的場域。此策展不僅活化鍾肇政作品，也讓在地文化在感官與情感中深植人心，化為日常中的文化風景。

舉例來說，二〇二二年大河文藝季以客語主題「村道个味

2022 大河文藝季（圖／財團法人桃園市客家文化基金會）

緒」（意為小路風情），實踐文學轉譯。團隊以鍾肇政的〈村道之旅〉為核心，設計結合五感的體驗活動，如單車走讀小說場景、以茶點轉譯作品中飲食意象的「烹茶煮字茗劇場」。整體視覺亦呼應他筆下的「綠色層次」，營造猶如走進文學風景般的氛圍。

二〇二四年十二月二十九日，全國客家日「龍潭場」則推出「客感漫遊：文風走讀×客庄樂饗」，結合文學走讀與龍潭愛樂管弦樂團現場演出。演出曲目橫跨西方藝術歌曲、客家民謠組曲，到《望春風》、《雨夜花》等經典老歌，透過文學、音樂與地方記憶的共構，勾勒對龍潭土地與故事的深刻共鳴。

鍾肇政文學生活園區不僅是作家的故居，更應整合地景、居民與文化，成為一座生活型的文學空間。你在鍾肇政的作品裡讀見龍潭，也能在龍潭的街巷中讀到鍾肇政。這一切的起點，是那間日式老宿舍裡，燈下伏案不懈寫作的身影。

作者雖逝，但作品長存。如同他筆下的魯冰花，點點鮮黃，喚醒春天的，又化作春泥，孕育下一次的綻放。文學也如此，在時間中延續、在生活裡發芽。

鍾肇政文學生活園區

位置資訊	桃園市龍潭區東龍路 196 號、南龍路 3、5、7、9、11 號。
開放時間	09:00～17:00（週一與國定假日休館）
官方網站	chungchaochengliterarypark.culture.tw
Facebook	鍾肇政文學生活園區 Chung-Chao-cheng Literary Park

其他資訊

提供 10 至 30 人的團體導覽服務，需於 14 日前申請。

園區內設有資訊站、大河學堂、以文會友講堂、鍾肇政舊居、幸福小學堂、龍潭武德殿等展區，提供鍾老作品閱讀、藝術展示空間，以及文學導讀和人才培訓課程。進入館舍需脫鞋並換穿室內拖鞋，或穿著乾淨的襪子，以維護室內環境整潔。

同場加映

龍潭聖蹟亭：當文學與記憶在老亭中延續

靜立在龍潭歲月長河中的聖蹟亭，是全臺規模最大、保存最完整的敬字亭，象徵客家人對文字的敬仰與文化傳承的延續。鍾肇政曾在作品中提及此地，為其增添文學光彩。

聖蹟亭建於一八七五年，由地方仕紳集資興建，每年農曆八月初三舉行祭倉頡、焚字紙等儀式，表達對知識與文字的尊崇。亭體於一九二五年重修後融合三層八角、四方與六角等結構，紅磚石雕古樸典雅，兩側石筆高聳，象徵書法與文化綿延不絕。

一九九五年，因公部門道路拓寬計劃，聖蹟亭原貌面臨破壞危機。鍾肇政與《漢聲》雜誌創辦人黃永松共同發起搶救行動，呼籲保存這座不僅僅是歷史建物的空間，更是承載社區記憶與文化認同的精神地標。

在各界努力下，聖蹟亭得以保留至今，並成為地方文化與龍潭文學走讀的重要節點。如今的文學導覽時常延伸至此，帶領參與者親身感受記憶的厚度與土地的流動，體會鍾肇政筆下那份對土地的深情。

這不只是對歷史建築的珍視，更是文學與生活交織下，「文化近用」與「文學轉譯」的具體實踐。讓文字在生活中被看見、被尊重，也讓文學走出書頁，深植人心。

（圖／財團法人桃園市客家文化基金會）

i

地址｜桃園市龍潭區段二十地號

開館｜24 小時免費參觀

同場加映

菱潭街興創基地：看見青年的文化行動力

菱潭街，曾是龍潭的繁華商業重鎮，卻在一場大火與時代變遷中逐漸沒落，一度成為人們避之唯恐不及的治安死角。直到二〇一六年，一群名為「龍潭熱血青年」的在地團隊，發起「故事・龍潭庄」計劃，致力於喚醒街區活力，為地方創生重新點燃希望燈火。

他們透過記錄老店故事、街區彩繪與燈籠裝飾，為荒蕪街道注入新意，讓沉寂多年的街巷再度恢復生命力，重新匯聚人潮，並成為桃園燈會的隱藏版燈區，悄然改寫地方風貌。

二〇一七年，「菱潭街興創基地」正式成立，成為這場街區重生的核心據點。基地發展出藝文工作室、小農產品、繪本故事屋與甜點輕食等創意空間，並結合街區整修與品牌策劃，打造一個青年實踐夢想的舞臺。

團隊積極推動文學與在地文化深度連結，讓菱潭街成為文創聚落，同時也是承載文學與歷史記憶的文化場域。舉辦文學走讀、音樂演出、飲食共創到戲劇演出等多元活動，讓街頭巷尾不再只是背景，而是文學在街角綻放，文化在生活中流動。

透過這群地方青年與文化策展人的持續耕耘，結合鍾肇政的文學精神與客家文化，這條曾被遺忘的老街不再沉睡，而是在人們的腳步與聲音中醒來，重新煥發生機，成為文化體驗的據點，也成為在地居民重拾自信與歸屬感的重要平臺。

（圖／財團法人桃園市客家文化基金會）

i

地址 | 桃園市龍潭區龍元路 45 之 31 號

開館 | 週三至五 11:00 ～ 17:00、週末 12:00 ～ 18:00（週一、二休館）

Facebook | 菱潭街興創基地

延伸視角

桃園獨立書店藏寶圖
書香在城市與巷弄間流動

在桃園，有一群相信閱讀能在日常中帶來改變的人。他們開起獨立書店，在城市與巷弄間，細細編織出一張溫柔的書網，讓書香流動，也讓靈感發芽。

這些書店或許不大，卻各自散發著獨特的氣味與聲音。有的專注於童書與繪本，有的深耕客家文化，也有的隱身老街之中，默默陪伴著一方社區。透過主題書展、市集、講座與親子共讀活動，他們讓書本走進人群，也讓人們重新走近閱讀。

獨立書店不只是販售書籍的空間，更是關注地方議題、守護文化的重要據點。身處快速發展的桃園，市民在變遷中面臨各式各樣的挑戰，而書本所蘊含的知識與思想，正是生活裡安定而溫柔的解方。

書帶蕨 Vittaria Café

電話 **(03)316-2262**

地址 **桃園市桃園區同安街三七三號**

一間喜歡安靜也喜歡思考的書店，以自然書寫、性別、詩與社會議題為選書核心，也販售二手書與選品小物。這裡不喧嘩、不急躁，書與人都可以慢慢相遇。

書帶蕨定期舉辦講座、展覽與小型聚會，希望在日常中打開

對話的縫隙，讓閱讀成為理解世界的一種方式，亦是一種生活陪伴。像蕨類植物那樣，書帶蕨相信緩慢而堅定的力量，在陰影處也能長成自己的形狀。

老派購物學

電話　(03)336-8631
地址　桃園市桃園區力行路二一七號

在老派購物學，每本書、每樣物件都承載著一段流轉的時光。推開復古橫式木門，迎面而來的是一整排二手書香，書店角落藏著黑膠唱片、卡帶與雜貨，靜靜訴說著過往的故事。這裡不只販售書，更收藏回憶與溫柔。

書店以二手書為主，藏書量豐富、書況極佳，許多甚至保存得像新書一樣。無論是想尋寶還是想出清書籍，這裡都是理想的選擇。

小兔子書坊

電話　(03)281-1931
地址　桃園市平鎮區民族路二段一九三巷十五弄六十一號

如同它的名字一樣，這家獨立書店給人靜謐又溫暖的感覺。這裡不只是一間書店，更像是一個以書為家的小客廳，專注於童書、繪本與親子共讀，不時舉辦手作活動與繪本導讀。

店主對於繪本的熱情令人動容，她總能從簡單的圖文中說出深刻的故事。推開玻璃門的瞬間，彷彿進入了能讓大人也重新學會溫柔看世界的空間。

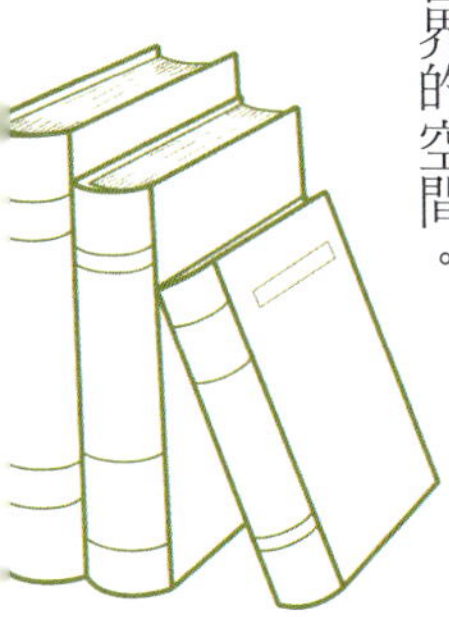

苔蘚視角 Mossery Books & Coffee

電話　(03)458-1895
地址　桃園市平鎮區金陵路二八〇號

苔蘚視角是結合書與咖啡的獨立書店。莫蘭迪藍外牆包裹著兩層樓空間，一樓為新書展示，二樓為二手書與藝文活動場域。備有插座與 Wi-Fi，適合閱讀、工作與靜心片刻。

店名寓意著一種貼近而細緻的觀看。希冀這裡如苔蘚般，不高大，但青翠鮮活。此外，書店不定期舉辦講座與展演，是一座悠悠呼吸知識與美感的文化小島。

瑯嬛書屋

電話　(03)455-3623
地址　桃園市中壢區榮民路一六五巷六號

一間關注性別與人文議題的

獨立書店，販售新書與二手書，也提供文創小物與簡單飲品。書屋長期舉辦講座與讀書會，主題橫跨文學、性別與多元文化，邀請讀者一同閱讀、對話與思辨。

書店負責人致力於營造一處性別友善的閱讀空間，無論性別認同或性傾向如何，來到這裡的人都能自在安身。因為文字能牽引靠近，而空間，也能容納理解與尊重。

大河壩小書店

電話 0970-166-489

地址 桃園市中壢區三樂二街三十七號

位於中壢高中對面巷內，「河壩」在客語意為河流，象徵文化與記憶的流動。店內精選不少與客家有關的書籍，連大型書店都難以見到的主題，這裡或許能找到驚喜。音樂類藏書同樣豐富，另有繪本、文學、社會學與臺灣文化相關書籍錯落其間。

點杯茶或咖啡，就能坐在懷舊木沙發上閱讀書店私藏的非賣書，靜享午後的片刻安閒。

晴耕雨讀小書院

電話 (03)480-2377

地址 桃園市龍潭區福龍路二段一六九巷一八一弄三〇街九〇號

一處隱身田野間的慢書空間。書院由老宅改建而成，保留原有的木窗與紅磚牆，瀰漫著時光緩緩流淌的氣息。館內選書以文學、人文、農藝與生活美學為主，並不定期舉辦讀書會、手作課與小型展覽，邀請讀者在書頁與自然之間，尋回沉靜與思考的節奏。

這裡沒有喧囂，只有翻書聲與窗外蟲鳴鳥語。晴耕時讀人，雨讀時養心，誠如其名，是一方耕心種字的小小桃花源。

閱過山丘有機書店

電話 0911-897-391

地址 桃園市龍潭區三和里番仔窩路五號

位於桃園龍潭三元宮旁，「閱過山丘」是一間由舊倉庫改建的有機書店，藏書逾萬冊，提供山區孩子與居民們溫暖靜謐的閱讀空間。

創辦人胡佩寰結合設計專業與「以書換書」理念，親手打造這座與廟宇共生的書屋。書店以童書與繪本為主，每週六提供免費課輔，並舉辦文化講座、客家美食體驗等活動。這裡不只是書店，更是山城中的社區文化基地。

方圓書房

電話 **(03)482-1228**

地址 **桃園市楊梅區萬大路一二九巷一號**

由一對夫婦創立的「方圓書房」，店名取自兩人名字的諧音，寓意空間的包容與閱讀的無限可能。書店位於長形街屋內，前段為書架陳列區，中段為活動空間，除了靜態書展，也定期舉辦青少年讀書會、繪本分享、烘焙課等多元活動。

這些活動不僅吸引小朋友踴躍參加，也讓家長主動投入，與在地居民建立起緊密連結，使書店成為社區中溫暖而有生命力的文化節點。

新星巷弄書屋

電話 **(03)350-5065**

地址 **桃園市龜山區龜山后街東華巷十五號一樓**

龜山媳婦一手打造的溫馨閱讀空間。書店名承襲自公公早年創辦的「新興鐘錶」，象徵家的延續與時間的積累。LOGO以翻開的書作為屋簷，窗格為眼，化身為一棟簡樸又充滿故事的老屋，而店名上的線條則取自稿紙格紋，低調中蘊含濃濃文學氣息。

這裡是社區居民的知識花園，也是親子共讀的溫柔據點。書店不定期舉辦童書繪本導讀活動，邀請家長與孩子一同走進故事世界，讓閱讀從小扎根，讓愛從共讀中慢慢生長。

（每家書店的開放時間與活動各異，歡迎造訪書店的臉書粉專，追蹤最新消息，走進屬於桃園的閱讀日常。）

行旅路線・六

聚落文化新亮點：

傳統文化與信仰的交織

面對都市快速擴張與全球化衝擊，如何讓地方文化不被稀釋，已成為城市治理的新課題。在快速城市化的桃園，地方文化場域正以創新姿態重回大眾視野。從日常信仰出發的「桃園市土地公文化館」，以及推廣閩南及民俗文化的「八塊厝民俗藝術村」，兩者皆突破了傳統單點式的博物館或活動中心模式，透過「文化生活圈」的概念，以聚落文化為核心，讓文化保存與市民生活自然交融。

他們延續傳統，同時擁抱當代。透過展演設計、社群參與與當代語彙，讓工藝、戲曲、語言、信仰不再只是靜態保存，而是持續流動、被感知、被再創造。這種以聚落文化為核心的創新模式，正展現出一種新的城市文化治理思維，不是自上而下的規劃，而是從在地生長出的韌性。透過空間設計與內容策展的創新，桃園正描繪出一條地方文化復興的新路徑。

ARTFUL
FLOATS
IN TAOYUAN
傳統藝閣的經典創新

桃園市新住民文化會館
桃園市土地公文化館
內壢火車站
桃園火車站
新北市
中壢區
中壢車站
八塊厝民俗藝術村
八德區
楊梅區
桃園市原住民族文化館
大溪區
桃園市
新北市
新竹市
桃園市
桃園市客家文化館
龍潭區
HAKKA
113甲
112
113
114
5
1
2
3
4
66
3Z
7Z
7
115
11

(圖／桃園市政府文化局)

文化資產

Ch. 11

桃園市土地公文化館

成立於二〇一七年的桃園市土地公文化館，是全臺唯一以土地公信仰為主題的文化場館，透過展覽、藝文活動、科儀展示、田野調查，保存民俗信仰文化，並推動親子共學與國際交流，讓常民信仰走向世界。

全台唯一以土地公信仰為主題的文化場館

祂的身影，遍布全臺灣眾多角落。

閩南人稱為「土地公」，客家人口中的「伯公」，最正式的名稱是「福德正神」。不管是什麼名字，不變的是那白眉白鬚、慈祥可親的長者形象。

各路神明中，就屬祂與人間的距離最近。當晨霧升起，佇立田邊的土地公，守望早起耕作的農民；夜幕低垂時，疲憊的上班族站在街角的土地公前，雙手合十，默默祈求祂的庇佑。

祂總是在你身邊，聆聽心事，接受祈願，靜靜陪伴。

全臺密度最高 土地公廟的傳承與創新

不論是土地公廟的數目或密度，桃園都堪稱全臺第一。根據官方資料，桃園市擁有超過兩千座土地公廟，而桃園區內平均每

被信眾暱稱為「市公」的桃園市土地公文化館福德正神

土地公文化館開幕後，市公即移駕一樓的福德宮。

平方公里，就有七座以上的土地公廟。為什麼桃園的土地公信仰如此深厚？

首先，桃園地區自清朝起便是漢人移墾的重要據點。當時來自福建、廣東的移民大多信奉土地公，因為土地公被視為「守護地方的神明」，能庇佑耕種順利、地方安定，因此每個聚落或庄頭都會興建土地公廟來祭祀。其中，桃園市桃園區最古老的土地公廟，是中山路上的「桃園十五街庄福德宮」，建於清乾隆五年（一七四〇年），相傳其起源可追溯至漳州商人「阿英師」來臺經商時，隨身攜帶的一尊福德正神神像。日後信徒在此建廟奉祀，成為桃園區歷史最悠久的土地公信仰中心。

水圳系統是桃園的特色，與土地公廟的座落位置有著密切關係。農民為了祈求風調雨順、五穀豐收，經常會在田間、聚落入口或水圳旁建設小型土地公廟。此外，桃園的客家人口比例高，而客家族群對土地公的信仰特別虔誠，客家庄內幾乎每個村莊都會建土地公廟，並且每年舉辦「伯公生」等祭典，這促成了當地對於土地公信仰的蓬勃發展。隨著桃園市的發展，土地公信仰也從農業的守護神，逐漸轉化為在地民眾的心靈寄託。座落商業區、街角、公園、甚至高樓大廈旁的土地公廟，承載著商家期待財運亨通，以及小老百姓對平安順遂的祈願。

雖然時代快速變遷，土地公信仰不僅未曾消散，反而成為城市認同的重要文化力量，此與桃園市政府長期推動土地公文化有關，其貢獻不容忽視。二〇〇八年，時任桃園縣桃園市市長蘇家明發現，桃園擁有密集的土地公廟網絡，突顯這座城市與土地公信仰的深厚連結。為凝聚在地文化，他特別打造一尊土地公金身，並舉辦首屆「土地公文化節」，開啟了這場年度盛典的序幕。而這尊土地公被信徒親切的稱為「市公」，採輪駐制度，每年農曆八月十五日左右移駕一次，依序駐駕當時桃園的五個區域（市中區、埔子、會稽、中路、大樹林），使信仰在不同社區間流轉，深化地方情感。二〇一四年桃園升格直轄市後，「土地公文化節」由桃園區公所接手。

2024 年陳若蘭接任桃園市土地公文化館總監，面對豐富館藏也經常向虎爺志工隊取經。

二〇一七年「桃園市土地公文化館」開幕，成為全臺唯一以土地公信仰為主題的文化場館，為這項傳統信仰提供完整的展示與推廣空間。

同時，「土地公文化節」升級為「土地公民俗藝術節」由土地公文化館承辦，不僅延續祭典的精神，更融入民俗藝術與文化傳承，塑造出桃園獨具特色的文化品牌。

距離桃園十五街庄福德宮僅步行二十分鐘的土地公文化館，串聯起這項古老信仰的過去與未來，見證桃園土地公文化的傳承與創新。這座場館使得土地公信仰在城市中持續扎根，更承載著世代相傳的敬仰與庇佑，讓這份文化資產得以延續發展。

虎爺領路
走進土地公的文化宇宙

土地公信仰博大精深，文化館館藏內容豐富多元，甫上任的總監陳若蘭短時間內要熟悉並掌握各項細節並非易事。幸運的是，館內有一支主要由退休人士組成的「虎爺志工隊」。

傳說土地公可乘虎遨遊四方，巡視土地，庇佑百姓，因此這支百人志工隊便以土地公的坐騎「虎爺」為名。他們負責展場的維護與導覽，向訪客解說土地公信仰的淵源與特色。

面對文化館琳瑯滿目的展覽內容，可以從閩南、客家兩大信仰體系的角度切入，以深入理解臺灣土地公信仰的多樣性。

閩南文化中的土地公多為具象神像，慈眉善目、笑口常開，象徵親民與庇佑。祂們身穿員外服飾，部分高階土地公甚至配戴華麗的「王爺帽」或「宰相帽」，手持如意、元寶或拐杖，象徵賜福與財運亨通。這類神像多以木雕、石雕或銅製，雕工精細，講究工藝。閩南土地公不僅是地方守護神，也兼具財神的角色，特別受到商家與企業主的推崇。因此，閩南地區的土地公廟建築規模較大，形式完整，常以紅磚牆、燕尾脊屋頂呈現華麗的風格，象徵財富與榮耀。

相較之下，客家文化的土地公形象則較為樸素，神像表情莊

上__2024 桃園土地公民俗藝術節，親子攜手完成彩繪虎爺面具，再一起裝扮可愛的小老虎，加入土地公民俗藝術節的踩街活動。（圖／桃園市土地公文化館）

下__土地公文化館 2 樓常設展「當伯公（客語 bag gung､）遇見土地公（閩南語 thóo-tī-kong）」

謝神之布袋戲與歌仔戲展區一隅

重內斂，有時甚至沒有具體的神像，而是以石頭（磊石）、香座、木柱或石碑作為土地公的象徵。客家土地公信仰與農耕及自然崇拜息息相關，著重於庇佑與守護功能，因此土地公廟多見於大樹下、田間地頭或水圳旁，與自然環境和諧共存。其廟宇建築簡樸，常見石砌小廟、磊石堆或簡易瓦屋，形式低調，展現客家文化樸實、務實的精神。這些信仰的差異，反映出不同族群的歷史背景、生活方式與文化價值，使臺灣的土地公信仰呈現出多元的面貌。

值得一提的是，館內設有許多互動裝置，讓參觀者體驗虛擬祭祀、解謎挑戰與擲筊問事等，讓不同年齡層的觀眾都能找到適合自己的探索方式，拉近現代人與傳統信仰的距離。另外，還設置了酬神戲舞臺，提供布袋戲偶與歌仔戲服，讓參觀者親身體驗傳統戲劇的魅力。館內曾準備一件可演出《貴妃醉酒》的大紅色戲服，因製作精美、細緻，竟然被參觀者偷偷帶走，至今仍未尋回。館方期待這件戲服能早日「回家」，繼續為舞臺增添光彩。

支持地方藝術家 展現傳統藝術

布袋戲與歌仔戲作為土地公酬神戲的主力，過去演出時所使用的舞臺背景，全由專業「繪景師」手工繪製。隨著時代變遷，廟會活動趨向簡化，劇團的演出需求大幅減少，加上數位繪圖技術的興起，傳統繪景師的人才也逐漸凋零。

當土地公文化館得知，桃園龜山有位資深繪景師林丙皇（人稱「明男師」），在地耕耘超過半世紀，堪稱珍貴的文化資產，便主動邀約，希望為這位仍活躍的繪景師舉辦展覽。明男師的創作極為講究，從草圖、定稿、上底色到層層上色、光影修飾、再到最後的組合，每一步都細緻入微。不論是華麗的金殿樓閣，或是細膩的高山雲海，他都能揮灑自如。由於明男師的作品散落各劇團，文化館團隊積極奔走，從桃園泰興樂掌中藝術團、臺中日日大掌中木偶劇團、雲林隆興閣掌中劇團、南投新世界第五掌中劇團等單位，商借了近五十件軟硬繪景作品，將這些珍貴的藝術呈現於展覽中。

支持地方藝術工作者，是土地公文化館成立的核心目標之一。選擇藝術家的方式以專家學者推薦為主，強調與地方的連結性與文化價值。除了林丙皇的繪景作品，館方還邀請攝影家林

明男師在「大師講堂」現場揮筆（圖／桃園市土地公文化館）

飛雄，展出他拍攝的土地公系列作品。林飛雄以鏡頭捕捉土地公在四季流轉中的無聲守護，將信仰的詩意在光影間舒展，映照時間深處——那些早已融入日常、卻始終未曾遠離的神話微光。

這檔攝影展是土地公文化館的二〇二五年館慶活動之一，以民俗結合藝文，透過影像重新詮釋信仰與自然的連結，更是一份獻給土地公的真摯心意。

讓土地公信仰從地方走向世界

二〇二五年三月一日，農曆二月初二，既是土地公生日，也是土地公文化館八週年的館慶。為此，館方特別規劃了為期兩天的「土地公做牙趴」慶祝活動，

「掌中乾坤真亦假——林丙皇的彩繪人生」展場一隅

與信眾共同為土地公祝壽祈福，感謝祂守護桃園風調雨順、繁榮安康。

裊裊香煙中，之前曾在雲門舞集工作十五年的陳若蘭總監，想起林懷民老師的一句話：「跳舞不是目的，而是服務社會的手段。」如今，她以同樣的信念推動文化館的發展，讓這座全臺唯一的土地公文化館，不僅是文物的收藏地，更是信仰、文化與生活的交匯點。她強調，「文化館的使命，不只是保存土地公信仰，還要成為『地方的信仰中心』，也是旅人停下腳步的心靈歇腳處，同時是一座親子共學、民俗文化推廣的平臺。」這不只是信仰的傳承，更是一座城市對自身文化的珍惜與再造，因為土地公信仰的核心價值來自於常民的信仰力量與地方的情感連結。透過文化館的努力，期盼讓土地公信仰從地方走向世界，嵌進全球宗教文化的拼圖中。

這是一場關於信仰、文化與時間的旅程，而土地公，靜靜坐著，笑看人來人往，等待著下一代為祂寫下新的故事。

桃園市土地公文化館

連絡電話	(03)336-6860
位置資訊	桃園市桃園區三民路一段 100 號
開放時間	09:00 ～ 17:00 （週一休館，國定假日休館另行公告）
官方網站	www.taoyuantudigong.org.tw
Facebook	桃園市土地公文化館

其他資訊

免費參觀。提供 10 人以上團體導覽，需於 14 天前線上預約。

土地公文化館 樓層導覽

1F

廟埕廣場

廣場中央設有「福德宮」，是桃園市首座公有廟宇，供奉土地公與地母娘娘。廣場不定期舉辦各類民俗藝文表演、市集活動。

101 研習空間

提供課程、市集活動等使用空間。

2F

201 兒童互動空間

專為親子設計的閱讀與遊戲空間，精選土地公信仰主題繪本，搭配互動遊戲區、民俗主題展示、印章收集區，讓大小朋友輕鬆認識土地公文化，享受親子共讀與遊戲樂趣。

202 當伯公遇見土地公

透過客家與閩南土地公信仰的對照，呈現桃園多元族群特色。展區設計翻翻牌、華容道遊戲、AR 供桌體驗、360 度投影及虎爺自拍區，讓參觀者動手玩、開心拍，輕鬆感受土地公文化的魅力。

203 視聽空間

設有 99 席舒適座椅，可用於播放電影、舉辦講座、會議與工作坊等活動。

3F

301 特色廟宇與造像藝術

展示各式土地公神像，材質包括泥塑、石雕、交趾陶、陶瓷與木雕。

302 土地公節慶與科儀

介紹土地公重要祭典，展示祭拜用品、酬神樂器、布袋戲臺與戲偶，還能親手操偶、試穿戲服，體驗傳統祭典的文化魅力。

303 海外土地公信仰

介紹中國大陸、港澳、新加坡、馬來西亞、越南等地的土地公信仰特色。

4F

一般展間

對外開放申請，可供藝術家與文藝團體舉辦展覽或活動，發表創作，提升市民藝文參與。

5F

特展展間

聚焦宗教信仰與民俗文化議題，由館方策劃或邀請單位合作，每年安排二至三檔特展。

(圖／桃園市土地公文化館)

文化微觀

土地公民俗藝術節，二〇三尊神明到齊

民間傳說中，土地公生日有兩種說法，一說是農曆二月初二，另一說法則是農曆八月十五日。土地公文化館延續歷年傳統，在八月十五前夕舉辦為期兩天的「土地公民俗藝術節」，此乃桃園地方上結合科儀禮俗、藝術展演與地方創生的大型活動。

面對這場年度盛事，團隊全力以赴，精心籌備，力求呈現土地公文化的深厚底蘊與時代風華。

二〇二四年「土地公民俗藝術節」締造兩大突破：參與神尊數量創歷年新高，共計二〇三尊；此外，桃園市十三區首次全員參與，充分展現土地公信仰的凝聚力。活動更吸引外縣市宮廟參與，甚至遠自馬來西亞檳城的宮廟主席親赴現場，攜帶令旗共襄盛舉，彰顯華人社會對土地公的崇敬與信仰的跨國延續。祭典以恭迎「市公」駐駕現場揭開序幕，接著踩街隊伍如長龍般蜿蜒前行，迎接來自各地的土地公神尊，場面莊嚴盛大。當所有神尊齊聚後，由市長親自主持主獻大典，向土地公獻上誠摯敬意，感謝祂一年來的庇佑，並祈求來年風調雨順、國泰民安。翌日清晨，三獻法會隆重舉行，法師誦經聲悠揚，信眾雙手合十，裊裊香煙伴隨虔誠心願直達天聽，整個會場瀰漫肅穆而祥和的氛圍，讓信仰的力量深植人心。

2024 桃園土地公民俗藝術節大合影（圖／桃園市土地公文化館）

除了隆重的宗教儀式，多元文化活動更為節慶增添熱鬧氛圍。「我愛土地公——社區嘉年華」邀請民間社團登臺演出，舞獅翻騰、民俗技藝與曼妙舞蹈輪番上陣，熱鬧非凡。此外，民眾還可參與彩繪虎爺面具工作坊、擲筊求壽桃、PK米糕龜、米龍平安米等結合親子互動與競賽的體驗活動，在寓教於樂中體驗民俗文化的魅力。第一晚的酬神戲，由「明華園日字戲劇團」與「昇平五洲園」拚場，精湛戲碼為信仰增添戲劇張力。第二晚特別規劃親子劇場，邀請「如果兒童劇團」以土地公為主題打造戲劇，讓大人小孩都能深入瞭解土地公文化，創造溫馨的闔家同樂時光。

彩繪虎爺面具

二〇二四年土地公民俗藝術節以「Taoyuan Nice TU See You」為宣傳標語，巧妙運用「TU」的中英諧音趣味。更讓世界看見桃園的土地公文化——本屆活動榮獲二〇二五年倫敦設計大獎（London Design Awards）「概念設計金獎」的殊榮，這是該節慶舉辦十七年以來首次獲得國際設計獎項，展露了土地公文化作為城市品牌的無限潛力。

桃園市長張善政為米龍點睛（圖／桃園市土地公文化館）

Ch.12 八塊厝民俗藝術村

在桃園八德，有一處結合歷史、文化與生態的靜謐場域——八塊厝民俗藝術村。這裡不只是展館和藝文空間，更是一段段從海上漂來、在土地上扎根的閩南記憶的延續。透過四棟主題館，串連語言、工藝、信仰與表演的文化脈絡，並結合全年度密集的活動，重新喚起人們對閩南文化的理解、共鳴與自信。

八塊厝民俗藝術村是讓民眾重新感受閩南文化的重要場域

那是一段從海上航行開始的故事。

早年來自唐山的先民，隨風揚帆，橫越黑水溝而來，將希望寄託於浪濤之上，將命運繫於一葉扁舟。他們在這座島嶼登岸，沿山築屋，傍水開田，用雙手與這片土地磨合，既搏鬥，也逐漸相依。語言隨口音落地，信仰在香火間扎根，工藝與節慶則在年復一年的生活裡延展成習。這些點滴累積，不張揚卻綿長，最終沉澱成我們今日所熟知的「閩南文化」。

在桃園，閩南文化早已融入日常，不是刻意標誌的遺產，而是滲入生活的節奏與呼吸之中。從飯香、鑼鼓聲，到一句「你食飽未？」與歌仔戲曲調，都展現這片土地獨有的生命律動。

為了推動閩南文化永續發展，桃園市政府於二〇一六年成立「閩南事務委員會」，二〇一八年設立「閩南及民俗文化科」，專責推動語言、信仰與傳統工藝等文化內涵。二〇二二年十月，「八塊厝民俗藝術村」開園，選址桃園八德，透過空間修復與策展，讓民眾重新感受閩南文化的深情與智慧。

八德，這塊土地的名字，本身就像一道從過往傳來的回聲。老一輩流傳著一種說法，認為這裡最初由八個地方聚攏而成：莊頭、莊尾、稻埕頭、連城、舊城、城外、公館與租倉，猶如八道溪水在平原交會、匯聚，形成一個生活共同體。另一種說法則更為親切：當年有八戶拓墾人家——謝、蕭、邱、呂、賴、黃、吳、李——帶著族人與工具、夢想與種籽來到此地，各築一厝，各立門

八塊厝民俗藝術村是語言、工藝、信仰、表演的交會點

戶。八厝並列，成了村，成了地名，也成了八德最初的血脈。

至今，閩南人仍是八德的重要族群。他們的語言、節氣與信仰深植街巷，成為城市文化中溫厚的一環。另依據八德仕紳邱文能考證著作《詔安邱伯順公派下來臺大宗譜》及八隻屋考證著作皆提到，粵人（嘉應州，即梅縣）薛啟隆是官方核准的墾首。雍正年間，在斗六開墾成功；乾隆二年再帶隘兵（指私兵或佃農）百餘人拓墾桃園。乾隆六年，隘兵漸移八德茄苳溪，與原住民通事知母六（霄裡社頭目，後改名叫蕭那英，為八德、大溪及龍潭蕭家之始祖）合作，利用茄苳溪及霄裡溪，開鑿霄裡大圳，灌溉農田。隘兵及佃農分別住在今之區公所及三元宮附近有八處〈草〉屋；人們便將此地稱為八厝屋，客語稱之：八隻屋、八厝屋或八座屋。

四棟主題館　串起閩南文化脈絡

八德區的大湳森林公園，前身為國軍第三○二師的龍騰營區，自一九八七年起由保一總隊接管，長期處於軍警封閉管理狀態，意外使此地保留了豐富自然生態。隨著保一總隊於二○一七年撤離，桃園市政府接手，將營區轉型為都市中的生態綠洲，部分舊營舍改造為今日的八塊厝民俗藝術村。

這樣的轉變，不只是讓舊空間有了新的用途，也符合現代城市發展對「空間再利用」和「文化再造」的需求。保留下來的老營舍，讓藝術村能結合歷史與傳統技藝，透過現代、開放的方式，讓大家更容易接觸民俗文化。

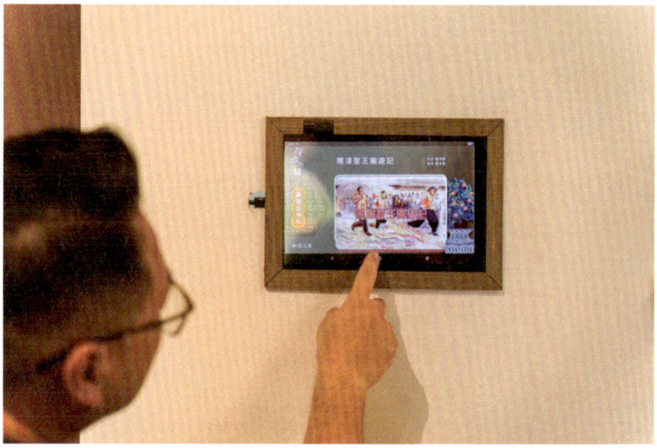

語言推廣館藉由生動的說學逗唱影音體驗呈現臺語的豐美

ARTFUL
FLOATS
IN TAOYUAN
傳統藝閣的經典創新

「巧藝天工：傳統藝閣的經典創新」是工藝文創館常設展

八塊厝民俗藝術村是北臺灣少見以閩南文化為核心的園區，由四棟主題展館與民俗大街構成，圍繞語言、工藝、信仰與表演，串連起閩南文化的深厚脈絡，打造一座兼具記憶與創新的生活文化場域。四棟主題展館分別為：

- **語言推廣館**：以古早書院為靈感，展出桃園各地的臺語腔調、俗諺與互動設施，透過輕鬆有趣的方式，讓人重新連結語言與文化認同。
- **工藝文創館**：結合傳統與創新，展示蓮草桃花林、藝閣車作品與社區共創之藝閣作品成果，讓民眾看見傳統工藝融入日常生活的可能。
- **民俗節慶館**：彷彿是一部可視的信仰年曆，展出各式慶典、科儀常見的器物，近距離觀賞民俗文化的工藝之美，另有駐村藝術家的創作空間，呈現人與土地、信仰之間的深層連結。

來現場看看媽祖護法——千里眼與順風耳手上拿的兵器是什麼吧！

表演藝術館：保存在地戲曲記憶，從傳統表演藝術四大劇種的演化入門，再到操偶體驗互動的樂趣，並透過特展回望八德的歷史人文及發展脈絡。

四棟展館之間的中央廣場與民俗大街，則是節慶活動、假日市集與園區日常等活動的核心場域，讓文化走出展館、走入街區，成為人人可親近、可參與的生活經驗。

千里眼與順風耳如何分辨

在民俗節慶館中，陳列著桃園慈護宮借展的兩尊大仙尪仔（神將），一朱紅、一墨綠，身形魁梧、彼此相對，分別是媽祖身邊的護法：千里眼與順風耳。知道如何分辨這兩位神明嗎？仔細端詳，兩尊神將面容相似，既無誇張大眼，也不見長耳，答案揭曉：「要看他們手上的兵器。」

這道題目，是導覽中刻意設計的小巧思。「我們想打破大家對神明形象的刻板印象——很多時候，以為熟悉的，不見得就是正確的。」

四棟主題館中，民俗節慶館以「眾神庇佑」為策展主軸，展出桃園各大宮廟的旌旗、神轎與珍貴文物，是最受民眾歡迎的一館。其中最吸睛的展品之一，是桃園景福宮於一九六〇年代慶典遶境時所製的神將戰甲，由繡莊師傅一針一線手工縫製，工藝之細膩令人駐足讚嘆。除了靜態的展示，館內也設置互動式的電子求籤系統。媽祖籤、觀音籤、雷雨師籤，三種籤筒在螢幕上等候選擇。你合掌於胸，默念姓名、生辰與地址，低聲訴說內心困惑，指尖輕觸螢幕，彷彿輕搖籤筒，一支籤靜靜滑出——是第十二籤，乙亥。

擲筊，得聖筊，確認是正籤。螢幕上浮現一首籤詩：「長江風浪漸漸靜，于今得進可安寧，必有貴人相扶助，凶事脫出見太平。」若覺得籤詩內容貼近自身處境，還能掃描QR-Code，將神明的提醒存入手機，隨身攜帶，時時參照。

若是親子同行，表演藝術館也值得細細走訪。以「搬戲看戲」為策展主題，館內串起歌仔戲的柔情身段、布袋戲的掌中乾坤、皮影戲的光影對話、傀儡戲的神形兼備，以及南北管的樂音節奏。戲偶與聲音在空間中交織，無論是孩子的好奇，或大人的記憶，都能在此找到屬於自己的停留點。館內還設有布袋戲的AR互動裝置，讓觀眾化身鐵扇公主與孫悟空，透過動作操控角色對戰。雙方各有五條命，可左右擺動、後空翻閃避攻擊，趣味十足，是親子同樂、體驗戲偶操控魅力的好方式。

至於日常中較少接觸的傀儡戲，館方除靜態展出戲偶，更曾

上__民俗節慶館內設有電子求籤系統
下__表演藝術館邀請民眾入館看戲

多次邀請高雄的「錦飛鳳傀儡戲劇團」與「金門傀儡戲劇團」現場演出，展現操偶如有神助的靈動技藝。如今仍活躍於舞臺的傀儡戲團並不多，透過這樣的邀演，不只是讓觀眾看戲，更能深入認識臺灣偶戲文化的多樣風貌與地方特色。

藝術家駐村 讓創作走進生活

蒲草工藝師陳建華執起裁刀，小心翼翼的將蒲草莖中的白色髓芯削成薄如蟬翼的片狀。經染色後，一片片層層堆疊，便能綻放成栩栩如生的花朵。他最近完成了一組彼岸花作品，紅、白、黃——正是臺灣常見的三種彼岸花色系。除了傳統色系，他還加上了一款藍色彼岸花。「這是《鬼滅之刃》裡鬼王追尋的永生之花，」他笑著說，話語間帶著一點趣味，也為傳統花藝添上了一抹流行文化的想像。

從事工業設計二十餘年，陳建華因觀察到許多環保材料實際仍存疑慮，便投入綠色設計研究，最終在傳統蒲草工藝中，找到了兼具文化、創意與環保理念的解方。園區籌備期間，他受邀與在地民眾共創，以蒲草工藝製作出一片象徵桃園意象的「桃花林」，為工藝文創館注入地方色彩。開館後，他成為駐村藝術家，至今已邁入第三屆。

「藝術家駐村」是八塊厝民俗藝術村很重要的一個計劃，透過藝術創作和在地居民一起參與，讓原本遙遠的藝術進入日常，讓大家都能接觸、參與，甚至成為社區共同的文化風景。陳建華的駐村「鄰居」還包括金工老師陳品樺、書畫老師許當吳，以及臺灣岩礦陶藝協會。他們以蒲草、陶土、錫及筆墨等素材創作，呼應八德的地景、歷史與傳說，讓作品成為地方記憶的轉譯者。每位駐村藝術家皆會規劃課程與活動，引導觀眾從欣賞走向實作，透過參與和互動，親身感受文化、記憶土地。

例如，駐村的金工老師曾旁聽園區語言推廣館開設的「閩南書院」系列課程，對臺語羅馬拼音產生興趣，進而發展出一堂結

傳奇植物蓪草應用特展作品之一

蓪草工藝師陳建華

合語言與工藝的「臺語戒指」課。參與者可挑選一個具意義的臺語詞（如「牽手」），轉寫成臺羅拼音後，親手敲打在戒指上，使飾品成為一段情感與記憶的紀錄。

園區的工藝文創館除了展出年度「閩南文化節藝閣創作競賽」得獎作品，也設有駐村藝術家的文創展示區。像是金工老師設計的石獅造型耳環與鑰匙圈、蓪草老師製作的小小藝閣車、陶藝老師的茶具組，都展現各自風格與巧思。園區致力於協助藝術家將創作轉化為具有商業潛力的商品或課程，讓藝術不只是被欣賞，更能成為生活的一部分，進而被使用、融入日常。

黃鸝鳥巢位直播 打開生態與文化對話

在八塊厝民俗藝術村入口對面，一座裝置藝術靜靜佇立：金黃羽毛、鮮紅鳥喙，雙眼間一道俐落黑紋如墨筆勾勒。那是黃鸝鳥——大湳森林公園自然生態的象徵。黃鸝鳥雖在東南亞與東北亞常見，卻在臺灣一度稀少，族群數量一度跌至僅約兩百隻，二〇〇四年牠被列為第二級珍貴稀有動物，二〇〇八年升為第一級瀕臨絕種生物，歷經十年保育，至二〇一八年降回第二級。

大湳森林公園佔地逾十六公頃，過去長期封閉管理、人為干擾少，孕育出豐富的自然生態，成為多種野鳥棲息與繁殖的樂園。這裡也是桃園市黃鸝鳥族群最穩定、數量最多的地區之一，曾有單日七隻黃鸝同時現身的紀錄。每逢繁殖季節，不乏攝影愛好者專程來捕捉牠們的身影，有人甚至清晨從臺南開車北上，冒雨也要來園區拍鳥，可見黃鸝鳥的魅力與本地的重要性。

二〇二四年五月，一對黃鸝鳥在園區附近的尤加利樹上築巢孵育後代，野鳥學會與有線電視業者合作，架設攝影設備進行「巢位直播」。雖然最後因松鼠入侵而導致雛鳥失去破殼成長的機會，畫面令人惋惜，卻真實呈現了黃鸝鳥在繁殖過程中所面對的天敵威脅與生存挑戰。

臨近大湳森林公園這片生態寶地，八塊厝民俗藝術村也不再只是單一文化場館，而是逐步轉化為串連自然生態、歷史記憶與在地生活的多元基地。這場直播雖告一段落，卻開啟了更多想像。園區也已與當地導覽志工隊合作，結合野鳥協會資源，規劃包含生態導覽、鳥類觀察與文化走讀的多元路線。黃鸝鳥作為園區內代表性鳥種，未來也將成為導覽亮點之一，延伸更多教育與體驗的可能。

此外，園區規劃將民俗藝術及大湳森林公園的生態保護結合，打造一座從發揚民俗文化、強化環保意識及推廣臺語等全方位文化園區。目標是讓遊客能在同一空間中，同步體驗傳統工藝、自然觀察與生態教育，開創有別於往常的文化場景。

文化從節慶展開 探索八德的文化脈絡

春節寫春聯、發紅包；清明製作潤餅、認識寒食文化；端午手作避邪符、瞭解五毒習俗；中秋則透過博狀元餅與猜燈謎，增添團圓氣氛。園區依節氣舉辦民俗體驗活動，透過親手參與，讓文化在節慶中自然流轉。每年六月，桃園閩南文化節的藝閣踩街從園區出發；十月館慶則結合表演與抓周，熱鬧登場。全年活動密集，涵蓋節慶、手作、導覽、市集與大型演出，兼具教育意義、

上右、上左__歡慶端午「鳴鼓開陣・鬥熱鬧」活動
下__藝術村固定舉辦「民俗大街假日市集」
（圖／桃園市政府文化局）

參與體驗與觀光推廣，也為地方注入活力。

隨著尚待修復的營房逐步整建，園區未來可望擴增館舍，真正成為完整的「八塊厝」。園區未來亦期許能夠走向更深層的社區參與，透過藝術家駐村、推動地方參與，讓居民成為文化敘事的主體；同時培育文化志工與解說員，建立屬於八德的導覽網絡，實踐「在地人說自己故事」的精神，推動由下而上的文化治理。

「八塊厝」從八德出發，卻不止於八德，它屬於每一位願意與地方對話、歡喜感受文化溫度的人。為了讓更多人深入認識八德，二〇二四年二月，八塊厝民俗藝術村推出「尋找八德 DNA」特展，展區在表演藝術館。策展從地理與地名出發，分成四大主題，透過影片、文物與互動裝置等多元形式，帶領觀眾一同探索八德的歷史與人文風貌：

- **流——流轉八德：**聚焦八德的水文地景，介紹埤塘、桃園大圳，以及崖線下的湧泉與浣衣文化，展現當地獨特的地理環境。
- **芳——文資八德：**呈現古蹟、歷史建築、重要宮廟與民俗慶典，彰顯八德多元且深厚的信仰文化

八德歷史人文特展「尋找八德 DNA」

底蘊。

●**聚——藏藝八德**：介紹地方藝術與匠師故事，如木雕名匠葉金萬、西畫家邱創乾等，並重現霄裡浣衣池、眷村與戲院等記憶空間。

●**傳——傳藝八德**：結合大湳森林公園的歷史與生態資源，搭配在地農特產，設計「樂遊八德」行程，讓民眾以慢活方式認識這片土地。

「尋找八德 DNA」以常民視角深化地方知識，讓歷史從地方人的記憶中被訴說，也讓外地觀眾能進一步理解八德的文化脈絡與精神內涵。

「尋找八德 DNA」主題之一聚焦水文地景

八塊厝民俗藝術村

連絡電話	(03)366-7125
位置資訊	桃園市八德區重慶街 36-1 號（位於大湳森林公園內）
開放時間	09:00 ～ 17:00（週一休館）
官方網站	www.bakuaicuo.com.tw
Facebook	八塊厝民俗藝術村

其他資訊

四大主題館免費參觀，亦提供免費定時導覽：每日上午 10:30 ～ 11:30，須提前至語言推廣館服務台登記。

藝術村的民俗大道每月固定辦理兩場「民俗大街假日市集」，活動詳情請查詢臉書粉專。

文化微觀

桃園閩南文化節，吸睛亮點「藝閣踩街」

自二〇一二年開辦以來，「桃園閩南文化節」已成為桃園市年度最具代表性的地方文化活動之一。活動歷時數週，串聯八塊厝民俗藝術村與市內多處文化據點，透過展演、競賽、論壇與市集等多元形式，讓閩南文化不只是被觀看，更被參與、被感受。

其中最受矚目的焦點，莫過於「藝閣踩街」競賽。來自各地的社區、學校與宮廟組隊參與，親手打造主題藝閣，內容從傳統神話、在地信仰到現代創意與環境議題皆有涉獵，藝閣車成了一場流動的敘事展覽。細緻的做工、聲光效果裝置，乃至坐在花車上撒糖果的小朋友，共同構築出街頭節慶的歡樂氛圍，讓每一輛藝閣都成為文化與創意的結晶。

藝閣本身歷史悠久，最早被稱作「山車旱船」，可追溯至漢朝的燃燈供佛儀式，至唐代發展為華麗盛大的表演形式，成為各地競相仿效的文化活動。隨著泉州南音文化傳入臺灣，藝閣在地方信仰與慶典中蓬勃發展，並在現代逐漸轉型，不再侷限於手抬架形式，而是結合彩繪、雕刻、聲光特效，從早期牛車演進為改裝卡車或大型遊覽車，成為一場結合工藝、美學與娛樂的動態展演，展現傳統文化的創新生命力。桃園市政府文化局自二〇一四年推動藝閣踩街活動，並選擇回歸傳統，以「人力推拉」形式保存其文化精神核心。相較於目前臺灣最具盛名、但早已結合大型電動花車文化的北港藝閣，桃園的人力藝閣更

報名藝閣踩街的隊伍一年比一年多
（圖／桃園市政府文化局）

2025 桃園閩南文化節
（圖／桃園市政府文化局）

2025 年「藝閣踩街」競賽金獎作品：傳統組金獎（左上）、創意組金獎（右上）、踩街表演組金獎（右下）
（圖／桃園市政府文化局）

保留了人與人之間的文化互動。

而每年的桃園閩南文化節期間，會舉辦「藝閣踩街」競賽，二〇二五年藝閣製作分傳統組、創意組及踩街表演組，各組藝閣車前三名將在八塊厝民俗藝術村的工藝文創館展出。

除了藝閣踩街，桃園閩南文化節期間也安排多項特色活動，例如：「藝陣大匯演」邀集在地及專業藝陣團隊打造別具風格的跨界演出；閩南文化國際論壇邀集國內外學者專家職人，建立跨國對話與在地研究雙軌並進的知識平台；總舖師辦桌則結合在地農特產、糕餅文化與社區參與，形塑屬於桃園的辦桌文化；國際龍獅邀請賽不僅是技藝較量，更展現當代閩南文化的活力與魅力。

最難能可貴的是，這場文化節不只是一場表演，而是一場真正的「全民參與」。從工藝老師、藝術家、學校師生、志工到在地居民，人人都是節慶的編織者。這些人共同構築出一個活的傳統，使文化不再只是歷史裡的回聲，而是當下仍在呼吸、仍在變化的生活日常。

（最新活動資訊，請上臉書粉專：桃園閩南文化）

文化微觀

有神的地方就是家，馬祖人在桃園

桃園八德的大湳、麻園與更寮腳，街景看似平凡，卻藏著一群來自馬祖的離島記憶守望者。數十年來，他們在此落地生根，連同海洋文化與信仰一同遷徙，不僅讓桃園成為另一個馬祖，也成了神明的新故鄉。

一九七〇年代，馬祖因戰地政務管制與資源匱乏，許多居民選擇外移謀生。當時正值臺灣工業化起飛，地價相對低廉、工廠林立的桃園八德，憑藉交通便利成為馬祖人落腳的重要據點。如今定居桃園的馬祖人已超過五萬，遠多於原鄉人口，其中八德區即約有三萬人，是全臺馬祖移民最集中的行政區。

初來乍到，面對語言、生活習俗的隔閡與未來的不確定，馬祖移民自然在信仰中尋求依靠。他們將原鄉的神明分靈來臺，在八德建立了閩臺宮、龍山寺、趙王宮等廟宇，既是心靈的寄託，也是社區的精神樞紐。每年元宵節的擺暝、遶境等儀式，至今依循原鄉習俗舉行，如溫暖火光照亮街道，也凝聚族群的情感。

位於大湳公園旁的閩臺宮，一九七六年由信徒因託夢迎請媽祖分靈來臺，在鄉親協助下建廟，主祀天上聖母，陪祀觀世音菩薩、註生娘娘、玄天上帝與福德正神，庇佑旅臺鄉親。鄰近的八德龍山寺，同年建廟，分靈自馬祖南竿牛峰境五靈公廟，主祀五靈公，陪祀白馬尊王、陳將軍等神祇。廟方每年舉辦元宵擺暝、補庫與扛乩問事等儀式，延續馬祖信仰文化。二〇一七年，桃園市政府啟動「馬祖信仰中心整修工程」，共同修

建廟於 1976 年的八德龍山寺

繕這兩座重要廟宇，重現「封火山牆」建築風格，並結合周邊公園景觀，於二〇一八年十月完工。

隨著馬祖社群壯大，桃園市政府也逐步重視其歷史脈絡與文化價值。每年四月舉辦的「桃園馬祖擺暝文化祭」、農曆九月的「桃園媽祖昇天祭」，已成為八德地區極具代表性的年度宗教與文化盛事。擺暝是為神明祝壽、祈福還願的傳統夜祭儀式。自二〇二二年起，八德區舉辦「馬祖擺暝文化祭」，由遶境迎神揭開序幕，隨後有供品展示與文化宣導，最後以食福宴與精彩表演作結。活動當天的壓軸「食福宴」，是信眾在祭拜後一同分享供品，象徵接受神明賜予的福氣，為了結合社區關懷，主辦單位特別設置公益桌，邀請獨居長者與弱勢家庭共襄盛舉，將祈福化為實際行動，透過美食傳遞溫暖與平安。

而始於二〇一五年的「桃園媽祖昇天祭」，則是紀念媽祖娘娘昇天。活動由迎神遶境揭開序幕，接著馬祖文化表演、乩轎會香、祭祀大典、食福宴依序登場，街頭充滿熱鬧又莊嚴的氛圍。沿途居民熱情響應，展現社區凝聚力與文化傳承的活力。活動現場也設有馬祖特色美食攤位，讓人透過味覺重溫家鄉記憶。

這些活動吸引大批當地民眾及遊客參與，使馬祖信仰文化從移民社群走向公眾舞臺，成為城市文化的一部分，也促進族群間的理解與情感連結。

馬祖人來到桃園，在生活之外，也重建了文化。他們沒有遺忘原鄉，而是用新的方式，活出馬祖記憶的當代表達。如今走進八德的街區，不難聽見熟悉的福州腔、看見孩子跟著父母一同參拜的畫面。神明的香火持續燃燒，不在原鄉，而在他們選擇的新家。在這裡，神明與人一樣，落地生根，桃園就是故鄉。

媽祖昇天祭之乩轎會香
（圖／桃園市八德區公所）

馬祖擺暝文化祭之乩轎會香
（圖／桃園市八德區公所）

延伸視角

在多元中共居 族群共融的文化實踐

桃園是一座多聲部的城市，客家語、新住民語調與原住民歌聲交織其中。來自不同背景的人們在此落腳扎根，共同譜寫多元豐饒的生活篇章。

為回應多元共居的現實，桃園設立了多處文化空間，如：展現客家精神的客家文化館、記錄原住民記憶的原住民族文化會館，以及訴說遷徙故事的新住民文化會館。這些場域不只是展示文化，更邀請人們走入彼此的故事，在交流中重新思考共處的可能。

在桃園，文化從來不只停留於紀念碑式的保存，而是日常中持續生長的枝葉，在語言裡、飲食裡、節慶裡悄然發芽。這座城市，因文化而有深度，因包容而顯溫柔，它不只是人口的交會點，更是一座以文化串連人心的所在。

桃園市客家文化館 詩與旋律中的文化根脈

桃園是臺灣北部最重要的客家聚落之一，擁有約八十萬客家族群。從語言、建築、信仰、節慶到飲食習俗，客家文化早已深植於這片土地，既是村落街角的日常記憶，也是家庭生活的情感紋理。然而，都市化與人口變遷，使得這些文化脈絡正面臨斷裂與

流失的危機。為守護這份集體記憶，政府於一九九〇年代推動「一鄉一特色」與「客家文化振興」政策，鼓勵地方建立文化場館。桃園縣政府於一九九八年展開規劃，二〇〇四年啟動籌設，並於二〇〇八年正式啟用桃園市客家文化館，承載著文化延續的期待。

不同於傳統以遷徙、聚落與器物為核心的展示方式，桃園市客家文化館以文學與音樂為軸線，設置客家文學館、客家音樂館、鍾肇政文學館、鄧雨賢音樂館及影像資料館／影音借閱館等展館，從詩歌與旋律觸及更深層的文化情感與精神底蘊。

文化不只在館內發生，假日藝文廣場成為館外的延伸舞臺。每逢週末，這裡定期舉辦歌舞、戲曲、創作展演等活動，拉近了人們與客家文化的距離。園區還規劃了可愛客家公仔與諺語步道，融合語言、藝術與教育，打造出老少咸宜的公共空間。

文化館同時是「客家文化生活體驗園區」的核心入口，串聯三坑、大平、清水坑等周邊客庄文化資源，致力打造一個讓民眾親身參與、深度體驗的「參與式博物館」。

上__桃園市客家文化館
下__館內收藏也頗有看頭
（圖／財團法人桃園市客家文化基金會）

桃園市原住民族文化會館 都市裡的山林記憶

有超過八萬兩千名原住民生活於桃園，是僅次於花蓮的原民大城。族群之豐富，擁有全臺最完整的十六族原住民族群，也因而孕育出全國第一座由地方政府主導的原住民族文化會館——桃園市原住民族文化會館。

自二〇〇六年成立以來，它的誕生為原住民族而建，回應了一九九〇年代末期「一鄉一特色」與「原住民文化振興發展六年計劃」的號召，那是一場關於文化保存與地方認同的集體行動。這座文化空間不同於多數位於原鄉的文化館，桃園市原住民族文化

會館建築外觀與外圍廣場融入原民意象

認識多彩多姿原民文化

會館位處都市，肩負著連結都市移居原住民與非原住民市民的任務。這使得它不僅是靜態展示場，更是一個探索「文化如何在城市裡延續與發聲」的實驗基地。

館內展覽涵蓋歷史、語言、服飾、音樂與生活智慧，也透過藝術展覽、族語劇場、舞團演出、青年創作等方式，讓原民文化從被觀看，轉為主動說話。

每場演出與策展，都是族群自我書寫的實踐。會館亦是社群的橋樑，連結著族人、社區與學校，整合資源、搭建對話平臺，讓文化在城市中不只是被記錄，更得以流動、生長，與城市生活緊緊交織。

桃園市原住民族文化會館是一處沉靜卻堅定的所在。它承載著記憶也肩負著未來，在城市的邊界上，以展覽、演出與集體參與，持續召喚人們回望那來自山林、河流與部落的原始聲音。那聲音不遠，就在這裡。

代表不同原住民族圖騰的燈籠

改建自警察局舊址的新住民文化會館

桃園市新住民文化會館遷徙之後的文化綻放

桃園是一座願意傾聽、也樂於擁抱的城市，既珍視在地族群，也歡迎懷抱希望的遠方來者。

位於桃園火車站附近的桃園市新住民文化會館，其前身為桃園分局警察局舊址。隨著警局搬遷，這棟具有一九七〇年代建築風格的建物被認定為歷史建築，經市府整修再利用，賦予其嶄新意義。整修工程於二〇一八年完成，並於七月正式掛牌啟用。建築外觀仍保留原警局特色，對熟悉臺灣早年公共建築的人來說，格外具有時代記憶。此外，其地點鄰近兩大客運總站，對仰賴大眾交通的移工族群更具便利性，成為一處專為新住民與移工打造的服務與文化場域。

因應市內約五萬六千名新住民與超過十七萬名外籍移工，市府將此空間規劃為提供法規諮詢、洽工輔導與實務協助的專責據點，也作為新住民與移工的藝文展演平臺，讓來自各地的文化與創作在此交會與綻放。三層樓的館舍功能分明：一樓以服務諮詢為主，提供法規與工作相關協助；二樓結合休閒與輔導功能，作為新住民聚會與交流場域；三樓為藝文展演空間，展出新住民創作與文化活動，是認識多元文化的最佳窗口。

為促進新住民與在地居民的文化交流與融合，文化會館經常舉辦活動，透過音樂、舞蹈、美食展現新住民的文化特色，也邀請他們分享參與公共事務的經驗。此外，會館也曾接待來自日本上智大學的學生，展現其推動國際交流的努力，更顯示桃園致力成為多元共融城市的實踐企圖。

新住民離鄉來臺，在桃園開啟新篇。他們的語言、文化與故事，正一點一滴豐富這座城市的溫度與風貌。

桃園市客家文化館

連絡電話	(03)409-6682
位置資訊	桃園市龍潭區中正路三林段 500 號
開放時間	09:00～17:00（週一及國定假日休館）
Facebook	桃園市客家文化館

其他資訊

免費參觀

桃園市原住民族文化會館

連絡電話	(03)389-6322、(03)389-5039
位置資訊	桃園市大溪區員林路一段 29 巷 101 號
開放時間	08:00～17:00（週一及國定假日休館）
Facebook	桃園市原住民族文化會館

其他資訊

免費參觀。駐館原民舞蹈表演固定展演時間：每週五 14:30、每週六與週日 10:00、14:30。

桃園市新住民文化會館

連絡電話	(03)333-9885
位置資訊	桃園市桃園區復興路 135 號
開放時間	08:00～17:00（國定假日休館）
Facebook	桃園市新住民文化會館

其他資訊

免費參觀

未完待續

文化是桃園向世界遞出的名片

那時，這塊土地還不叫桃園，而是「虎茅庄」。

茅草鋒利如刃，常割得行人滿身是傷。對初來乍到的漢人移民而言，這裡荒涼難行，卻仍前仆後繼而來。他們闢地築屋、種植作物，逐步建立起聚落。隨著人口增加、土地開發，遍植的桃樹取代了原野上的茅草，「虎茅庄」也漸漸轉變為「桃仔園」。

從舊時光出發 走向文化的未來

清代，多條官道在桃仔園交會，帶來人潮與商機，使其成為桃園地區最早、最繁榮的市街。到了日治時期，政府推動行政區劃、鐵路與圳道建設，並設立學校與醫療設施，日式建築也逐漸出現，地方生活的樣貌因而大為改變。

戰後因軍隊駐紮，桃園成為安置眷村的重要據點；隨著工業發展與交通便利，又吸引大量新住民與移工定居。國際機場帶動人口流動與城市變遷，也讓多元文化成為桃園的日常風景。

清代廟宇的香火氤氳、日治宿舍的黑瓦與木樑、眷村裡的紅門與蘋果綠窗框，沒有隨著時代洪流消失殆盡，仍有一些空間被妥善保存與細心修復，成為人們今日仍可尋訪的舊時光。

近年，政府與民間攜手努力，為這些「舊時光」注入嶄新且豐富的體驗——日式老屋成了故事館，老店家轉型為傳遞在地知識的「街角館」；老眷村迎來藝術家駐村，老軍營則改造為文創園區或民俗藝術村；歷史悠久的宗教節慶，也以更開放、多元的形式，轉化為屬於城市的嘉年華。

新興的市立美術館群與桃園文學館，也正扮演文化轉運站的角色，讓歷史成為通往未來的橋樑。

作為國門之都，桃園迎向世界，也不忘回望自身。唯有傳承土地的記憶與精神，才能走出自己的語言與姿態。文化，正是桃園向世界遞出的名片。

移民的城市風景
日常裡的文化拼圖

一場旅行，不一定要走得多遠；有時候，只要換個方式，就能看見熟悉城市的另一面。這本書，正是為了那些曾「瞥見」卻未曾「駐足」的旅人而寫。

翻開它，我們從桃園老城出發，經過廟埕、眷村、書店與市場，也踩進木藝工坊、藝術展館與移民社區。沿途看見的是文化，不是地標；聽見的是故事，不只是導覽詞。

每一條路線，都不只是空間的移動，更是文化脈絡的重新串聯。老屋灶腳旁的鋁鍋香氣、田埂間靜坐的土地公像、木工坊裡的刨痕、百年老店泛黃的招牌字跡，還有移民故事裡的語調與節奏……，這些微小卻生動的細節，共同組成桃園豐沛的文化景觀。

經過這趟旅程，桃園不再只是「通過」的地方，而是值得慢慢認識、細細體驗的所在。你會發現，這塊土地有種「黏人」的特質，不同時代、來自各地的異鄉人來到這裡，最後都把桃園當成了自己的家。

這座如同萬花筒一般的移民城市，有著還未寫完的故事、還沒遇見的人與場景，在前方等著我們。期待下一趟旅程，再次從桃園出發。

附錄

桃園文化旅讀・六條路線隨筆

Exploring TAOYUAN

有些旅行，不為遠方，只為靠近一座城市的心跳。

六條深度又不失趣味的文化路線，從老城巷弄到美術館、眷村記憶到文學地景，還有傳統信仰與民俗藝陣，帶你用眼、用心、也用筆記下屬於自己的一頁頁桃園。

路線一、老城時光的印記

Tips 老城區漫步，一定要拜訪幾家老店才對味！

Check List（寫下首次必訪地點的規劃）

- ☐ 要去看中壢大時鐘廣場
- ☐
- ☐
- ☐
- ☐

Fresh Finds（寫下你的新發現或下次想去的地方）

- ☐
- ☐
- ☐
- ☐
- ☐

路線二、大溪木藝館群巡禮

Tips

十三座館舍皆為免費參觀，建議預留至少半天時間細細走訪。

Check List（寫下首次必訪地點的規劃）

- [ ]
- [ ]
- [ ]
- [ ]
- [ ]

Fresh Finds（寫下你的新發現或下次想去的地方）

- [ ]
- [ ]
- [ ]
- [ ]
- [ ]

路線三、藝文廊帶的活力

Tips

如果你從沒搭過桃園機捷，這條路線將是體驗的好機會。

Check List（寫下首次必訪地點的規劃）

- [ ]
- [ ]
- [ ]
- [ ]
- [ ]

Fresh Finds（寫下你的新發現或下次想去的地方）

- [ ]
- [ ]
- [ ]
- [ ]
- [ ]

路線四、老眷村的再生路徑

Tips

來到眷村鐵三角，別忘了找家道地的餐館，品味眷村家常的飲食文化。

Check List（寫下首次必訪地點的規劃）

- ☐
- ☐
- ☐
- ☐
- ☐

Fresh Finds（寫下你的新發現或下次想去的地方）

- ☐
- ☐
- ☐
- ☐
- ☐

路線五、一座文學之城的誕生

Tips
邀請你今年九月以後，一睹新成立的桃園文學館風采。

Check List（寫下首次必訪地點的規劃）

- ☐
- ☐
- ☐
- ☐
- ☐

Fresh Finds（寫下你的新發現或下次想去的地方）

- ☐
- ☐
- ☐
- ☐
- ☐

路線六、聚落文化新亮點

Tips

這條路線強烈建議：
從桃園市土地公文化館的參拜啟程。

Check List（寫下首次必訪地點的規劃）

- ☐
- ☐
- ☐
- ☐
- ☐

Fresh Finds（寫下你的新發現或下次想去的地方）

- ☐
- ☐
- ☐
- ☐
- ☐

附錄

特別感謝

在本書撰寫與完成的過程中，獲得許多人的支援與協助，讓內容更為完整豐富。在此，謹向所有提供資料、分享經驗、協助聯繫與審稿的朋友們，致上最誠摯的感謝。

特別感謝以下人士：

桃園市政府文化局局長　邱正生

桃園市政府文化局主任秘書　張至敏

桃園市立大溪木藝生態博物館館長　陳倩慧

桃園市立美術館館長　林詠能

桃園市土地公文化館總監　陳若蘭

國立中央大學歷史研究所特聘教授兼桃園學研究中心主任　鄭政誠

國立中央大學歷史所教授兼文學院學士班主任　蔣竹山
桃托邦藝文聯盟理事長　林岳德
社團法人桃園藝文陣線　劉醇遠、杜彥穎、鄧惠如
龍潭文風造庄聯盟理事長　蔡濟民
八塊厝民俗藝術村營運經理　陳孟宏
馬祖新村眷村文創園區導覽員　林世培
太武新村眷村文化園區志工隊隊長　鍾清圓
憲光二村眷村文化園區志工隊隊長　項懿君
桃園市土地公文化館虎爺志工隊導覽組長　陳寶熙
八塊厝民俗藝術村志工中隊長　余遠芳
蒲草工藝師　陳建華
文史工作者　陳俊有
湯記口味肉鬆老店第三代掌門人　湯玟琪
新珍香餅行　江復元、范桂連夫婦

感謝每一位在創作旅程中留下足跡的夥伴與同行者。

附錄

影像來源致謝

本書中所使用之照片與圖像，除特別標註外，書中照片由攝影師拍攝，或承蒙以下單位與團體慷慨提供或授權使用，特此致謝：

桃園市政府文化局
桃園市八德區公所
桃園市立大溪木藝生態博物館
桃園市立美術館
桃園市土地公文化館
桃園市財團法人金三角文化基金會
財團法人桃園市客家文化基金會

桃園市新屋區愛鄉協會

海洋客家休閒農業區

村口見麵

感謝每一個畫面背後的支持與協助，讓本書得以以更真實的樣貌，呈現桃園在地文化的溫度與細節。

拾光之城
桃園行旅 文化探索

發 行 人 | 張善政
總 編 輯 | 邱正生
副總編輯 | 唐連成、張至敏、王啟仲
執行編輯 | 胡心慈、賴詠鈴、楊筑涵
審查委員 | 李敏雲、章琦玫
出版單位 | 桃園市政府文化局
地　址：330206 桃園市桃園區縣府路 21 號
電　話：(03) 332-2592

採訪撰文 | 謝其濬
攝　　影 | 張冠彬
特約主編 | 陳佩宜
美術設計 | Javick 工作室
插圖繪製 | 邱意惠

編印發行 | 遠足文化事業股份有限公司（讀書共和國出版集團）
業務平台總經理 | 李雪麗
業務平台副總經理 | 李復民
副總編輯 | 鄧懿貞
專案企劃 | 蔡孟庭、張詠蓁、盤惟心
地　址：231 新北市新店區民權路 108 之 2 號 9 樓
電　話：(02) 2218-1417 傳真：(02) 8667-1065
電子信箱：service@bookrep.com.tw

2025 年 9 月 8 日初版一刷
定價：480 元
書號：SU0B0005
ISBN：978-986-508-370-0（平裝）
EISBN：978-986-508-371-7（EPUB）
GPN：1011400901

國家圖書館出版品預行編目 (CIP) 資料

拾光之城：桃園行旅 文化探索 / 謝其濬採訪寫作；張冠彬攝影 . -- 初版 . -- 新北市：遠足文化事業股份有限公司；桃園市：桃園市政府文化局，2025.09
240 面； 17x23 公分
ISBN 978-986-508-370-0(平裝)

1.CST: 旅遊 2.CST: 人文地理 3.CST: 桃園市

733.9/109.6　　114007207

團體訂購請洽
讀書共和國網路書店 www.bookrep.com.tw
業務部 (02) 2218-1417 分機 1124
郵撥帳號：19504465 遠足文化事業股份有限公司